DIESES BUCH GEHÖRT:

_____

Willi Krift

So kochten wir im Westfalen

Verlag Wolfgang Hölker

ISBN 3-88117-485-0
© 1996 Verlag Wolfgang Hölker, Münster
Typographie und Gestaltung: Heidrun Holtsch, Anke Breenkötter
Druck: Proost N. V., Turnhout

INHALT

„Laotet et ugge guet schmecken!"

VORWORT

*W*er über vergangene Zeiten Westfalens berichtet, kann an der westfälischen
Küche, die ein Paradies für gutes Essen und Trinken war, natürlich nicht
vorbei. Die Küche ist ja nach wie vor ein Spiegel der Region und der Menschen,
die in ihr leben.

In Westfalen hatten früher nicht nur die Landwirte, sondern auch die Menschen
in den Städten einen kleinen Garten, der die Familie mit Kartoffeln, Gemüse,
Kräutern und Beeren versorgen konnte. In jedem Haushalt wurde ein Schwein
oder auch nur ein Huhn gehalten, um die Fleischeinlage in der Suppe zu sichern.
Es gibt auch noch heute in der typisch westfälischen Küche das Nebeneinander
von bäuerlich-deftigem und kleinbürgerlich-schlichtem Essen. Und mit dem Brot
und dem Fleisch, der Suppe und dem Durchgemüse, mit Speck und Schinken,
Eiern und Pfannekuchen wie auch Schnaps und Bier ißt und trinkt der Westfale
zwar einfach, aber mit Sicherheit sehr gut!

Da ich selbst aus dem Soester Kreis stamme, habe ich versucht, vor allem die Gerichte und Spezialitäten der alten Küche der Soester Börde aufzuspüren und sie
zu neuem Leben zu erwecken. Dabei fand ich viele Gerichte, die nicht nur in diesem einen Raum, sondern in ganz Westfalen bekannt sind. Eine genaue Abgren-
zung zwischen den westfälischen Landschaften zu finden, ist unmöglich.
Zudem gibt es bei den Rezepten nicht nur Abweichungen von Landschaft zu
Landschaft, von Ort zu Ort, sondern auch von Familie zu Familie. Doch sind diese Unterschiede von geringerer Bedeutung. Verhängnisvoller ist es, wenn dem
Freund heimischer Küche in Gaststätten Gerichte angeboten werden, die außer
dem alten Namen nichts Gemeinsames mehr mit den alten Spezialitäten haben.
Hier beginnen nun die Schwierigkeiten, hier wird vor allem auch die Geduld auf
die Probe gestellt, die man auf der Suche nach wirklich alten, landschaftsbezo-
genen Küchenrezepten aufbringen muß.

Mein erster Weg führte mich bei meiner Suche in Antiquariate und Archive. Ich
durchstöberte Hausböden, Kisten, Truhen, kurzum alles, von dem ich annahm,
daß es Gedrucktes oder Geschriebenes über heimische Küchenspezialitäten ent-
hielt. Die Kochbücher von Henriette Davidis, Sophie-Wilhelmine Scheibler und
Mathilde Ehrhardt wurden zur Freizeitlektüre. Einzelaufzeichnungen und fein
in Sütterlinschrift geschriebene Privatkochbücher kamen hinzu. Rezepte über
Rezepte, alte Sammlungen, das jüngste handgeschriebene Kochbuch stammt aus
dem Jahr 1912.

Doch je mehr ich mich mit diesen Rezepten befaßte, um so mehr mußte ich feststellen, daß die überwiegende Zahl, ob gedruckt oder handgeschrieben, fast wortgetreu übereinstimmte. Mit anderen Worten, die Kochrezepte, die für eine bestimmte Landschaft bezeichnend sind, wurden offenbar weder gedruckt noch handgeschrieben festgehalten. Sie wurden von Generation zu Generation mündlich von der Mutter an die Tochter weitergegeben.

Woher aber kommen nun die Rezepte in den handgeschriebenen Kochbüchern, welche in vielen Haushalten noch vorhanden sind? Im letzten Drittel des vorigen Jahrhunderts wurden, insbesondere in den staatlichen Bädern und Kurorten, sogenannte „Töchterheime" oder „Töchterpensionate" eröffnet, welche neben der schulischen und geistigen Weiterbildung die Ausbildung in der „feinen Küche" offerierten. Daneben gab es schon viele Haushaltungen auf größeren Höfen und Gütern oder auch in den Städten, wo die Töchter des Landes ebenfalls die sogenannte „feine Küche" erlernen konnten.

Von den Töchterheimen und Pensionaten bekamen die Absolventinnen zum Abschluß häufig ein gedrucktes Kochbuch, ansonsten notierten sie sich die Rezepte der „feinen Küche" handschriftlich in ein Heft. So finden wir heute noch die vielen handgeschriebenen Kochbücher, die aber fast wortgetreu mit den damals erschienenen gedruckten Kochbüchern übereinstimmen. Die Hausmacherküche erlernte man zu Hause bei der Mutter, und diese Rezepte wurden nicht aufgeschrieben.

So legte ich meine bisherigen Aufzeichnungen beiseite. Die Suche begann von neuem, doch dieses Mal im Verwandten- und Bekanntenkreis. Ich durchstreifte hierbei das ganze Gebiet Westfalens, bekam hier ein Rezept und dort eine Adresse. Wurde ein Rezept mehrfach bestätigt, schrieb ich es nieder und kochte es nach.

Möhnesee, im November 1995   *Willi Krift*

HERKUNFTSANGABEN

Soester Börde	= Altkreis Soest
Märkisches Sauerland	= Hönnetal, Iserlohn, Menden
Kurkölnisches Sauerland	= Altenhellefeld, Arnsberg, Bremen, Brilon, Meschede, Sundern, Werl
Sauerland	= die unter märkischem und kurkölnischem Sauerland genannten Orte
Südliches Münsterland	= Ahlen, Beckum, Diestedde, Hamm, Wadersloh
Westliches Münsterland	= Billerbeck, Ochtrup
Westfalen	= alle oben genannten Orte

MASSE UND GEWICHTE

Beim Sammeln der Rezepte glaubte ich anfangs, Schwierigkeiten mit unterschiedlichen Maßen und Mengenangaben zu bekommen, aber im Raum von Möhne, Soest, Werl, Wickede und Dinker wurden überall als Maß täglich gebrauchte Küchenutensilien benutzt.

1 Löffel	=	1 Eßlöffel
1 Kanne	=	1 Liter
1/2 Kanne	=	1/2 Liter
1 Schleif (Schöpfkelle)	=	1/4 Liter
8 Eßlöffel	=	1/8 Liter
1 Kaffeelöffel	=	1 Teelöffel

Natürlich erhalte ich hier nicht genau auf das Gramm zu bestimmende Mengenangaben, aber beim Nachkochen erweisen sich diese Maßangaben als völlig ausreichend:

1 gestrichener Eßlöffel Reis/Salz	15 g
1 gestrichener Eßlöffel Zucker	20 g
1 gestrichener Kaffeelöffel Zimt	3 g
1 gestrichener Kaffeelöffel Mehl	5 g
1 gestrichener Kaffeelöffel Zucker	5 g
1 gestrichener Kaffeelöffel Salz	4 g
1 Tasse (1/8 l) Graupen	150 g
1 Tasse Gries	150 g
1 Tasse Reis	200 g

„Der Topf daheim kocht lustiger als jeder andere."

GEMÜSESUPPEN

*D*er „Eintopf" von heute ist meist etwas anderes als das „Durchgemüse" von früher. Mit der seit dem Beginn der dreißiger Jahre aufkommenden Bezeichnung „Eintopf" waren überwiegend die Gemüsesuppen gemeint, die mit dem Löffel gegessen wurden. Das Durchgemüse, kurz „Gemüse" genannt, wurde dagegen „steif" gekocht und mit der Gabel gegessen.

„QUER DURCH DEN GARTEN"

Ein Pfund Fleisch – hohe Rippe oder ein Stück aus dem Pökelfaß – eine gute Stunde in heißem, leicht gesalzenem Wasser kochen. Das Gemüse (zwei Kohlrabi, ein kleines Stück Sellerie, ein halbes Pfund Kartoffeln, zwei Porreestangen, vier Möhren) gut abspülen und in kleine Stücke schneiden. Fleisch aus der Brühe nehmen und zum Abkühlen auf einen Durchschlag geben. Das Gemüse in die Brühe schütten und eine halbe Stunde kochen lassen. Danach Fleisch kleinschneiden und zu dem Gemüse in die Brühe geben. Mit Salz abschmecken und zuletzt Petersilie darüberstreuen.

(Westfalen)

KARTOFFELSUPPE
(Dünne Tiufeln)

Fleischreste oder Knochen waschen. In kaltem Wasser mit Suppengrün und Salz aufsetzen. Sechs bis acht in Würfel geschnittene Kartoffeln hinzugeben und alles etwa zwei Stunden kochen lassen. Die Suppe dann durch ein Sieb rühren. Vor dem Anrichten werden feingeschnittene Zwiebeln in Butter gebräunt und mit kleingehackter Petersilie und gerösteten Weißbrotwürfeln zur Suppe gegeben.

(Westfalen)

GRÜNE WIESENSUPPE

Sechs bis acht Kartoffeln kocht man mit Fleischbrühe gar und rührt sie durch ein Sieb. Dann gibt man eine Handvoll gewaschene Spinat- oder Sauerampferblätter hinzu und läßt alles eine halbe Stunde kochen, legiert mit einem Eigelb und zieht mit drei Eßlöffeln saurer Sahne und einem Stück Butter ab. Der Suppe kann noch etwas Sago zugesetzt werden.

(Westfalen)

„GÄNSEFUTTER" ODER „BLINDHUHN"

Ein halbes Pfund weiße Bohnen über Nacht in zwei Liter Wasser einweichen. Am nächsten Morgen das Ganze eine halbe Stunde kochen. Darauf ein Pfund durchwachsenes Fleisch, ein Rippenstück oder auch Fleischknochen dazugeben und wieder eine gute Stunde kochen lassen.

Anderthalb Pfund Kartoffeln schälen, ein halbes Pfund Möhren schrappen, ein halbes Pfund Äpfel schälen, ein halbes Pfund Stangenbohnen abfädeln und zwei Zwiebeln abpellen. Fleisch oder Knochen aus dem Topf nehmen.

Kartoffeln, Möhren, Äpfel, Stangenbohnen und Zwiebeln kleinschneiden, zu den weißen Bohnen geben und das Ganze noch eine halbe Stunde kochen. Mit Zucker, Salz und ein bißchen Essig abschmecken und das kleingeschnittene Fleisch zugeben.

Beilagen: Wenn man das „Gänsefutter" mit Fleischknochen kocht, schmecken Mehlpfannekuchen gut dazu.

(Soester Börde, Münsterland)

BOHNENSUPPE

Ein halbes Pfund weiße Bohnen über Nacht einweichen. Etwa eine halbe bis dreiviertel Stunde kochen, ein Pfund Pökelfleisch zugeben und etwa eine Stunde weiterkochen lassen. Das Fleisch herausnehmen. Anderthalb Pfund kleingewürfelte Kartoffeln und ein halbes Pfund Möhren zufügen und das Ganze etwa eine halbe bis dreiviertel Stunde gar kochen. Mit Salz ab-

schmecken. Kleingewürfeltes Fleisch hinzugeben, alles gut umrühren und servieren.

Beilagen: Wenn statt des Pökelfleisches Fleischknochen genommen werden, reicht man dazu Mehl- oder Kartoffelpfannekuchen.

(Westfalen)

ERBSENSUPPE

Ein halbes Pfund Erbsen über Nacht in zwei Liter Wasser einweichen, am anderen Morgen mit dem Einweichwasser zum Kochen bringen. Ein

Pfund Pökel- oder Kleinfleisch und Suppengrün nach einer Stunde Kochzeit zufügen. Noch eine weitere Stunde kochen lassen. Während der letzten

13

halben Stunde ein Pfund kleingewürfelte Kartoffeln in die Suppe geben;
zwei Zwiebeln glasig dünsten und
auch zufügen. Fleisch aus der Suppe
nehmen, in kleine Stücke schneiden
und dann wieder in die Suppe geben.
Suppe mit Salz und Pfeffer abschmecken und vor dem Servieren mit
Petersilie bestreuen.

Beilagen: Eingelegter Hering, Mehlpfannekuchen oder Kartoffelpfannekuchen.

(Westfalen)

GRAUPENSUPPE
(Kalwertiäne)

Ein halbes Pfund Graupen waschen
und über Nacht in zwei Liter Wasser
einweichen. Aufkochen. Anderthalb
Pfund Rindfleisch, zwei Möhren, zwei
Porreestangen und ein bißchen Salz
zufügen und gut zwei Stunden langsam kochen lassen; die letzte halbe
Stunde ein Pfund kleingeschnittene
Kartoffeln zufügen. Aufpassen, daß
das Ganze nicht zu steif wird, sonst
muß man etwas Wasser nachgießen.

Mit Salz und Pfeffer abschmecken.
Fleisch kleinschneiden und wieder in
die Suppe geben. Umrühren. Petersilie
kleinschneiden und darüberstreuen.
Wenn man kein Fleisch zur Hand hat,
kann man auch anderthalb Pfund
Kleinfleisch oder Knochen nehmen.

Beilagen: Dazu gibt es dann Mehlpfannekuchen.

(Westfalen)

SCHNIPPELBOHNENSUPPE
(Vuiksbäonen, Fitzebohnensuppe)

Ein Pfund Rindfleisch eine Stunde in
gesalzenem Wasser kochen. Ein Pfund
Kartoffeln schälen und kleinschneiden. Die Kartoffeln und ein Pfund
Schnippelbohnen zum Fleisch geben
und in gut zwanzig Minuten langsam
gar kochen. Fleisch aus dem Topf
nehmen, kleinschneiden und wieder
zu den Bohnen geben. Umrühren. Mit
Salz, Pfeffer und, wenn man hat,
Bohnenkraut abschmecken.
Falls man kein Fleisch zur Hand hat,
kann man auch Fleischknochen verwenden.

Beilagen: Dazu gibt es Mehlpfannekuchen.

(Soester Börde, Münsterland)

RINDFLEISCHSUPPE

Anderthalb Pfund Rindfleisch – hohe Rippe oder auch eine Beinscheibe – in anderthalb Liter leicht gesalzenem, kochendem Wasser aufsetzen, Topfdeckel auflegen und eine gute Stunde langsam kochen. Eine Porreestange, zwei Möhren, eine Zwiebel und ein Stück Sellerie zufügen und noch einmal gut zwanzig Minuten langsam kochen. Das Fleisch aus dem Topf nehmen.

Die letzten zwanzig Minuten Nudeln und Eierstich zugeben. Zuletzt mit Salz abschmecken und mit kleingeschnittener Petersilie bestreuen.

(Westfalen)

„*Wann huier 'n Pott miet Bäonen stoit*
un dao 'n Pott miet Brui,
dann laot iek Brui un Bäonen staon
un gao miet muin Marui!"

DURCHGEMÜSE

Zu einem richtigen Durchgemüse wird das Fleisch (oder Fleischknochen) zunächst mit viel Wurzelwerk und Suppengrün vorgekocht, das Fleisch herausgenommen, Gemüse und Kartoffeln in der Brühe gegart und zum Schluß für die restliche Garzeit das Fleisch wieder zugefügt. Eine wichtige Voraussetzung für ein gutes Gelingen ist die Länge der Garzeit. Da wir das Durchgemüse nicht kochen, sondern grundsätzlich nur garen, d.h. langsam „köcheln" lassen, benötigen wir dafür viel Zeit.

Schließlich ist das richtige Fingerspitzengefühl für gutes Würzen nötig. Pfeffer und Salz waren Kostbarkeiten. Nicht umsonst sprach man von „gesalzenen" und „gepfefferten" Preisen. So wurden Pfeffer und Salz sehr sparsam angewendet und erst nach Abschluß der Garzeit zugefügt. Man war überwiegend mit diesen beiden Gewürzen zufrieden, zumal Brühe und Fleisch durch Wurzelwerk und Suppengrün schon vorgewürzt waren. Kräuterecken mit Pfefferminze, Salbei, Liebstöckel, Rosmarin, Thymian und Majoran waren aber auch schon früher in vielen Gärten vorhanden. Übrigens schmeckt Durchgemüse aufgewärmt (nicht aufgekocht) am besten.

Obwohl das Durchgemüse viele Jahre als „Arme-Leute-Essen" verpönt war, wird der Kreis der Freunde, welche es aus langem Dornröschenschlaf wiedererwecken wollen, von Jahr zu Jahr größer, womit eine alte Küchentradition fortgesetzt wird.

Für das Durchgemüse kocht man je nach Vorrat eine Brühe aus

1. Fleisch oder
2. Knochen oder
3. ausgelassenem lufttrockenem Speck, abgelöscht mit Wasser.

WIRSING I

Ein Pfund Fleisch kleinschneiden und in einem Liter Wasser mit einem Stückchen Sellerie, zwei Möhren, einer kleingeschnittenen Zwiebel und etwas Salz in einer guten halben Stunde weichkochen.
Zwei Pfund Wirsing in feine Streifen, zwei Pfund Kartoffeln kleinschneiden und beides zum Fleisch geben. Langsam gar kochen (eine halbe bis dreiviertel Stunde). Umrühren und mit Salz und Pfeffer abschmecken.

(Westfalen)

WIRSING II

Ein Pfund Fleisch kleinschneiden, zwei Eßlöffel Schmalz in einem Topf auflösen. Eine kleingeschnittene Zwiebel und das Fleisch zufügen und anbraten. Einen Liter Wasser zufügen und alles in einer guten halben Stunde weichkochen (Weiter s. Rezept I).

(Westfalen)

WIRSING III

Ein bis anderthalb Pfund Fleischknochen in einem Liter Wasser mit einem Stückchen Sellerie, zwei Möhren, einer kleingeschnittenen Zwiebel und etwas Salz eine bis eineinviertel Stunde kochen. Wurzelwerk aus dem Topf nehmen. Zwei Pfund Wirsing in feine Streifen schneiden, zwei Pfund Kartoffeln kleinschneiden und beides in die Knochenbrühe geben. In einer guten halben Stunde langsam gar kochen. Danach einen Stich Butter und einen Eßlöffel Schmalz zufügen. Wem das Gemüse noch zu suppig ist, der kann eine rohe Kartoffel darüberreiben. Gut umrühren und mit Salz und Pfeffer abschmecken.

Beilagen: Dazu gibt es eine Scheibe lufttrockenen Schinken oder Mehlpfannekuchen.

(Westfalen)

STIELMUS
(Knisterfinken, Striepraiwen, Witte Stoppeln)

Von zwei Pfund Stielmus die Blätter abstreifen, die Stengel in fingerlange Stücke schneiden, mit klarem Wasser abspülen und auf einem Durchschlag abtropfen lassen. Zwei Pfund Kartoffeln schälen und kleinschneiden.
Ein Pfund Fleisch – ein schönes Rippenstück von Schwein oder Rind – in leicht gesalzenem Wasser aufsetzen und eine gute Stunde kochen. Danach Kartoffeln und Stielmus zugeben und das Ganze fertigkochen.

Fleisch aus dem Topf nehmen und kleinschneiden. Stielmus und Kartoffeln mit einem Kartoffelstampfer durcheinander stampfen, darauf das Fleisch geben und mit Salz, Pfeffer und ein wenig Muskatnuß abschmecken.

(Westfalen)

STECKRÜBENGEMÜSE
(Kläosterfinken)

Ein Pfund Schweinerippen, Kleinfleisch oder Pökelfleisch mit drei Schöpfkellen kochendem Wasser aufsetzen und eine Stunde ganz langsam kochen lassen.
Statt Schweinerippen kann man auch Rindfleisch (hohe Rippe mit Markknochen) nehmen.
Zwei Pfund Steckrüben schälen, in kleine Stücke schneiden, zum Fleisch geben und noch eine Stunde kochen.

Anderthalb Pfund Kartoffeln schälen, kleinschneiden, gar kochen, abgießen und zu den Steckrüben geben. Das Ganze gut durcheinanderstampfen und fünf Löffel Sahne darüber verteilen. Mit Salz und ein wenig Muskatnuß abschmecken.

(Westfalen)

MÖHRENGEMÜSE
(Woerteln, Woertelpott)

Dreiviertel Pfund Rindfleisch (hohe Rippe) in einen halben Liter kochen-

des Wasser geben und eine halbe Stunde köcheln lassen.

Anderthalb Pfund Kartoffeln schälen, anderthalb Pfund Möhren schrappen, zwei Zwiebeln abpellen und alles kleinschneiden. Kartoffeln, Möhren, Zwiebeln und zwei Löffel Schmalz zu dem Fleisch geben, mit Salz und Pfeffer abschmecken und das Ganze langsam gar kochen (eine gute halbe bis dreiviertel Stunde).

Fleisch aus dem Topf nehmen, kleinschneiden und wieder in den Topf geben. Das Ganze gut umrühren. Noch einmal abschmecken. Petersilie kleinschneiden und darüberstreuen.

(Westfalen)

SCHNIPPELBOHNENGEMÜSE
(Vuiksbäonen)

Ein halbes Pfund ungeräucherten durchwachsenen Speck in einem viertel Liter Wasser eine halbe Stunde langsam kochen. Ein Pfund Schnippelbohnen zehn Minuten in kochendem Wasser abkochen und auf einem Durchschlag abtropfen lassen.
Nun zuerst die Schnippelbohnen, danach ein Pfund Kartoffelstücke und eine kleingeschnittene Zwiebel auf den Speck im Topf geben und das Ganze in einer guten halben Stunde gar kochen. Speck aus dem Topf

nehmen, kleinschneiden und wieder in den Topf geben. Mit Salz und Pfeffer abschmecken und umrühren. Wer hat, kann noch Bohnenkraut zufügen und mit Zucker und Essig abschmecken.

Beilagen: Dazu gibt es Mehlpfannekuchen, aber auch eine Scheibe lufttrocknen Schinken oder eine Scheibe kaltes Fleisch. Auch Frikadellen schmecken gut dazu.

(Soester Börde, Münsterland)

„SIPP-SAPP" – GEMÜSE AUS GRÜNEN BOHNEN, MÖHREN UND KARTOFFELN

Ein Pfund durchwachsenes Fleisch oder lufttrockenen Speck eine gute halbe Stunde in einem halben Liter leicht gesalzenem Wasser kochen. Anderthalb Pfund grüne Bohnen abfädeln, waschen und kleinschneiden. Anderthalb Pfund Möhren schrappen und kleinschneiden. Bohnen und Möhren zu dem Fleisch in den Topf geben und eine Viertelstunde langsam kochen. Fleisch aus dem Topf nehmen, kleinschneiden und warm stellen. Ein Pfund Kartoffeln schälen, kleinschneiden und mit den Bohnen und Möhren zwanzig Minuten langsam kochen. Umrühren. Das Ganze muß schön sämig sein, sonst muß man noch eine rohe Kartoffel darüberreiben. Fleisch wieder in den Topf geben. Mit Salz und Pfeffer abschmecken. Zuletzt Petersilie kleinschneiden und darüberstreuen.

(Soester Börde, Sauerland)

GEMÜSE AUS GRÜNEN BOHNEN, BIRNEN, KARTOFFELN UND SPECK

Zwei Pfund Bohnen abfädeln, waschen und kleinschneiden. Ein Pfund lufttrockenen Speck oder durchwachsenes Fleisch mit einem halben Liter leicht gesalzenem Wasser aufsetzen und zwanzig Minuten kochen. Anderthalb Pfund Kartoffeln schälen, kleinschneiden, mit den Bohnen zum Fleisch geben und eine gute Viertelstunde kochen. Fleisch aus dem Topf nehmen, kleinschneiden und warm stellen. Von einem bis fünfviertel Pfund Küttelbirnen, Speckbirnen oder Winterbirnen die Blütenansätze ausschneiden, Birnen waschen und, wenn sie zu groß sind, durchteilen.

Birnen auch in den Topf geben und alles gut zwanzig Minuten ganz langsam kochen. Umrühren. Das Ganze muß schön sämig sein, sonst eine rohe Kartoffel darüberreiben. Speck oder Fleisch wieder in den Topf geben, alles durchrühren und mit Salz und Pfeffer abschmecken. Petersilie kleinschneiden und darüberstreuen.

(Soester Börde, Münsterland)

GROSSE BOHNEN MIT SPECK –
DICKE BOHNEN MIT SPECK

Ob sie nun „große" oder „dicke" Bohnen mit Speck genannt werden, seit jeher sind sie ein Leibgericht in Westfalen. Daß man sie mit Speck kochte, hatte folgenden Grund: In fast jedem Haushalt wurden früher jährlich meistens zwei Schweine geschlachtet, eines im November, das zweite im folgenden Februar oder März. Die Fleischvorräte mußten von einer Schlachtung bis zur nächsten ausreichen. Die gepökelten Vorräte waren aber zwischen Ostern und Pfingsten aufgebraucht. In den Monaten Juni und Juli, der Erntezeit der dicken Bohnen, hing also neben dem Schinken nur noch der luftgetrocknete durch-wachsene Speck „ob de Büene" (auf der Fleischkammer). So lag es nahe, die frischen dicken Bohnen damit zu kochen. Richtig vollständig sind „dicke Bohnen mit Speck" aber erst, wenn die frischen Kartoffeln der neuen Ernte dazu gereicht werden.

Durch die Zunahme der Schlachtereien seit den 20er Jahren und durch Einflüsse der damaligen Restaurants ist der luftgetrocknete durchwachsene Speck ersetzt worden durch „dicke Rippe", „Kassler" und geräucherten Speck oder Bauch-fleisch.

Wurden ursprünglich die dicken Bohnen mit Speck und Kartoffeln in einem Topf als Durchgemüse gekocht, so wurde seit dem Ersten Weltkrieg das getrennte Kochen von Bohnen und Kartoffeln immer beliebter. Allerdings kam damit auch die Unsitte der „feinen Küche" auf, „dicke Bohnen" in einer Mehlschwitze zuzu-bereiten.

Im Münster- und im Sauerland werden die „dicken Bohnen" hier und da noch als Durchgemüse zubereitet. Dazu kocht man bei den folgenden Rezepten ein bis anderthalb Pfund würflig geschnittene Kartoffeln zusammen mit den Bohnen. Oder man fügt, als Alternative, die gekochten Kartoffeln zum Schluß hinzu.

Gewürzt werden die „dicken Bohnen" mit Pfeffer und Salz und eventuell mit Bohnenkraut, Majoran und Liebstöckel (Maggikraut). Man schmeckt sie auch wohl mit „Siuer", mit Essig, ab.

Erwähnt werden soll noch, daß die dicken Bohnen früher nicht nur frisch, sondern auch ausgereift und getrocknet das ganze Jahr hindurch gegessen wurden. Die getrockneten Bohnen wurden auch gemahlen und zusammen mit Mehl zum Brotbacken verwendet.

DICKE BOHNEN I

Drei bis vier Pfund große Bohnen enthülsen, abwaschen und mit einem Pfund durchwachsenem Fleisch oder Pökelfleisch und einem halben Liter Wasser aufsetzen, eine Porreestange, zwei Möhren, zwei kleine Zwiebeln und ein Stückchen Sellerie, ein bißchen Salz zufügen und eine gute Stunde langsam kochen. Bohnen auf einem Durchschlag abtropfen lassen, Wurzelwerk und Fleisch aus dem Topf nehmen, Fleisch klein- oder in Scheiben schneiden.

Einen Kaffeelöffel Butter, Schmalz oder kleingeschnittenen lufttrockenen Speck in einem Topf auslassen, mit Bohnenbrühe auffüllen, das Wurzelwerk durch ein Sieb in die Brühe streichen, bis die Brühe schön sämig ist. Bohnen und Fleisch zufügen und eine gute Viertelstunde bis zwanzig Minuten gar kochen. Mit Salz, Pfeffer und, wenn man hat, mit Bohnenkraut abschmecken. Zuletzt Petersilie kleinschneiden und darüberstreuen.

DICKE BOHNEN II

Vier Pfund große Bohnen enthülsen, abkochen und auf einem Durchschlag abtropfen lassen. Anderthalb Pfund dicke Rippe oder durchwachsenes Fleisch (frisch oder aus dem Pökel) mit einer Porreestange, zwei Möhren, zwei kleinen Zwiebeln und einem Stück Sellerie in gut einem halben bis dreiviertel Liter leicht gesalzenem Wasser gut eine Stunde langsam kochen.
Fleisch und Wurzelstock aus dem Topf nehmen. Fleisch klein- oder in Scheiben schneiden. Bohnen in die

Brühe geben und in gut zwanzig Minuten gar kochen. Wurzelwerk durch ein Sieb in die Bohnenbrühe streichen, bis die Brühe schön sämig ist. Mit Salz und Pfeffer und, so man hat, mit Bohnenkraut abschmecken, das kleingeschnittene Fleisch zufügen und mit kleingeschnittener Petersilie bestreuen.

Beilagen: Zu beiden Gerichten gibt es frische Salzkartoffeln.

(Westfalen)

FRISCHE WIBBELBOHNEN
(PFERDE- ODER SAUBOHNEN)

Kleine Abart der „dicken" oder „großen Bohne". Sie war als Gemüse besonders auf dem Lande sehr beliebt. (Wird und wurde oft mit „Groe Wuiwer", einer Felderbsenart, verwechselt.)

Vier bis fünf Pfund Wibbelbohnen enthülsen, abwaschen und mit ein bis anderthalb Pfund durchwachsenem Fleisch in zwei- bis dreiviertel Liter Wasser aufsetzen, eine Porreestange, zwei Möhren, zwei kleingeschnittene Zwiebeln, ein Stückchen Sellerie und ein bißchen Salz zufügen und gut eineinviertel Stunden langsam kochen. Wibbelbohnen auf einem Durchschlag abtropfen lassen. Wurzelwerk und Fleisch aus dem Topf nehmen. Fleisch klein- oder in Scheiben schneiden.

Einen Kaffeelöffel Butter, Schmalz oder lufttrockenen Speck in einem Topf auslassen, mit Bohnenbrühe auffüllen. Das Wurzelwerk durch ein Sieb in die Bohnenbrühe streichen. Die Brühe muß schön sämig sein, sonst etwas Kartoffelmehl unterrühren. (Für Kartoffelmehl werden zwei bis drei Kartoffeln auf einen Teller gerieben. Nach einer Weile hat sich das Kartoffelmehl abgesetzt. Das Kartoffelwasser wird abgegossen, und das Kartoffelmehl bleibt übrig.) Wibbelbohnen und Fleisch in die Brühe geben und fünfzehn bis zwanzig Minuten langsam kochen. Mit Pfeffer, Salz und eventuell frischem Bohnenkraut abschmecken. Petersilie kleinschneiden und darüberstreuen.

Statt Wibbelbohnen kann man auch Pflanz-(Große-)bohnen nehmen.

Beilagen: Dazu gibt es Salzkartoffeln oder gedämpfte Kartoffeln.

(Soester Börde)

WIBBELBOHNEN (GETROCKNET)

Zwei Pfund getrocknete Wibbelbohnen über Nacht einweichen. Wasser abgießen. Dreiviertel bis einen Liter frisches und leicht gesalzenes Wasser auffüllen und eine gute halbe Stunde langsam kochen. Anderthalb Pfund durchwachsenes Fleisch, eine Porreestange, zwei Möhren, zwei kleine Zwiebeln und ein Stück Sellerie zufügen und in gut einer Stunde langsam gar kochen. Fleisch und Wurzelwerk aus dem Topf nehmen, Fleisch klein- oder in Scheiben schneiden. Wurzelwerk durch ein Sieb in die Wibbelbohnenbrühe streichen. Die Brühe muß schön sämig sein. Mit Salz, Pfeffer und eventuell mit Bohnenkraut abschmecken. Fleisch zu den Bohnen in die Brühe geben. Petersilie kleinschneiden und darüberstreuen.

Wenn man kein Fleisch zur Hand hat, werden die Wibbelbohnen nach dem Abgießen mit leicht gesalzenem, frischem Wasser aufgefüllt und mit einem Kaffeelöffel Butter, Schmalz oder lufttrockenem Speck und dem Wurzelwerk gar gekocht.

Beilagen: Dazu gibt es lufttrockene Schinkenscheiben.

(Soester Börde)

„GRAUE WEIBER"
(= GRAUE ERBSEN) MIT SPECK

Ein halbes Pfund graue Erbsen (Groe Wuiwer) über Nacht in zwei Schöpfkellen Wasser einweichen. Zwei Möhren und zwei Porreestangen kleinschneiden, zu den Erbsen geben und mit etwas Salz zwei bis zweieinhalb Stunden ganz langsam kochen, damit die Erbsen nicht platzen. Aufpassen, das Wasser muß gut verkocht sein.

Ein halbes Pfund Zwiebeln schälen, kleinschneiden und in zwei Löffeln Butter schön gelb anbraten. Erbsen und ausgelassenen Speck zu den Zwiebeln geben, das Ganze umrühren und mit Salz und Pfeffer abschmecken.

Wenn man die „grauen Weiber" als Suppe zubereiten will, kocht man ein Pfund Pökelfleisch in zwei Schöpfkellen leicht gesalzenem Wasser in einer guten Stunde langsam gar. Nun schneidet man das Fleisch in kleine Stücke oder Scheiben und gibt es mit der Brühe zu den grauen Erbsen.

Statt Pökelfleisch kann man auch durchwachsenes Fleisch nehmen.

(Münsterland, Soester Börde)

GRÜNKOHL

*Was dem Hanseaten in Bremen sein „Braunkohl", dem Ostfriesen „sin Kool –
Grönkool", dem Münsterländer Grünkohleintopf „Moos", dem Sauerländer
„Kol-döroin", ist des Soesters „Käolmaus".*

*Viele Namen, viele Rezepte. Aber eines haben alle Rezepte gemeinsam:
Am besten schmeckt der Grünkohl nach dem ersten Frost.*

*Früher ließ man in den letzten 15 Minuten noch einige abgewaschene Winter-
birnen zur Verfeinerung mitkochen. Oder man reichte als Beilage in Schmalz
geschmorte Winterbirnen. War einmal der „Grünkohl" etwas dünn geraten,
so wurde er mit in Wasser aufgelöster Kartoffelstärke oder mit Haferflocken
angedickt.*

Zwei Pfund Grünkohlblätter von den Stengeln streifen, kleinschneiden und in leicht gesalzenem Wasser eine viertel Stunde kochen, auf einen Durchschlag geben und gut ablaufen lassen. Ein Pfund durchwachsenes Fleisch und ein kleines Stück vom Rücken mit einer Zwiebel, etwas Salz und vier oder fünf Schöpflöffeln Wasser eine halbe Stunde kochen. Den Kohl zum Fleisch geben; eine Zwiebel schälen, kleinschneiden und über den Kohl streuen, Salz und Pfeffer zugeben und nun das Ganze zwei Stunden sachte kochen lassen. Die letzten zwanzig Minuten einen Kranz Kohlwurst auf den Kohl legen.

Beilagen: Salzkartoffeln oder gedämpfte Kartoffeln. Dazu mundet ein alter Klarer.

(Soester Börde)

SPROSSENGEMÜSE
(Spriutenmaus)

*Sprossengemüse war in früheren Zeiten ein weitverbreitetes und beliebtes Grün-
donnerstagsessen.*

Sprossen (Frühjahrsschößlinge des Grünkohls) verlesen, waschen und in ein bißchen Wasser mit Salz abkochen. Mit einem Schaumlöffel die Sprossen auf einen Durchschlag geben. Durchschlag gut zudecken, daß die Sprossen schön heiß bleiben. Sprossen in eine heiße Schüssel geben und Butterstückchen darüber verteilen.

Beilagen: Dazu gibt es Salz- oder gedämpfte Kartoffeln.

(Soester Börde)

SAUERKRAUT MIT EISBEIN

Anderthalb bis zwei Pfund Eisbein mit zwei kleingeschnittenen Zwiebeln und acht Pfefferkörnern in einem halben Liter Wasser gut dreiviertel Stunde kochen. Ein Pfund Sauerkraut (wenn möglich frisch aus dem Sauerkrautfaß) um das Eisbein verteilen. Einen Eßlöffel Schmalz, einen kleingeschnittenen Apfel und sechs Wacholderbeeren oder, wer mag, stattdessen einen halben Kaffeelöffel Kümmelkörner zufügen und das Ganze in einer halben Stunde langsam gar kochen. Fleisch aus dem Topf nehmen. Eine rohe Kartoffel über das Sauerkraut reiben. Gut umrühren. Mit Salz und Pfeffer abschmecken.

Beilagen: Dazu gibt es Kartoffelbrei (Kartoffelpüree).

(Westfalen)

„HIMMEL UND ERDE"

Zwei Pfund Kartoffeln schälen, kleinschneiden und in leicht gesalzenem Wasser gar kochen.
Zwei Pfund Äpfel schälen, durchteilen, Kerngehäuse ausschneiden, mit wenig Wasser und einem Eßlöffel Zucker zu einem Brei kochen.
Kartoffeln abgießen und mit einem guten Eßlöffel Butter und einer Tasse Milch durcheinanderstampfen. Apfelmus zugeben und noch einmal alles gut durchstampfen, mit Salz abschmecken und warm stellen.

Zwei Zwiebeln pellen, kleinschneiden und in einem oder anderthalb Eßlöffel Butter oder Schmalz schön gelb anbraten. Apfel-Kartoffelbrei in eine Schüssel geben und die Zwiebeln mit dem Fett darübergießen.

Beilagen: Dazu Scheiben von Blutwurst anbraten.

(Soester Börde, Münsterland)

„*Wat me selwest eätet,
dat schmecket am besten!*"

GEMÜSE ALS BEILAGE

Während der Sommermonate kochte man häufiger „getrennt", das heißt, die Kartoffeln wurden für sich gekocht und das Gemüse als Beilage in der Kochbrühe des Fleisches gegart. Anschließend ließ man das Gemüse auf einem Durchschlag abtropfen, schwenkte es in etwas ausgelassener Butter und brachte es mit Petersilie oder anderen frischen Kräutern bestreut auf den Tisch. Dieses war die gebräuchlichste Art, Gemüse als Beilage zuzubereiten, zumal so der Eigengeschmack des Gemüses weitgehend erhalten blieb. Hatte man gerade keine Butter zur Hand, so wurde etwas Schmalz oder etwas lufttrockener Speck in der Pfanne ausgelassen und das Gemüse darin geschwenkt. Dieses war nach meinen Feststellungen allerdings die Ausnahme.

Die Unsitte, Gemüse und Soßen mit Mehl anzudicken, fand leider nach dem Ersten Weltkrieg mehr und mehr Eingang in unsere heimische Küche.

MÖHREN UND ERBSEN

Ein Pfund Möhren säubern, klein- schneiden und mit einem Pfund Erb- sen in einer Tasse leicht gesalzenem Wasser ganz langsam gar kochen. An- derthalb Eßlöffel Butter in einem Topf auflösen, Möhren und Erbsen zugeben und tüchtig darin mischen. Mit Salz abschmecken, Petersilie kleinschnei- den und darüberstreuen.

MÖHREN

Zwei Pfund Möhren säubern, in dau- menlange Stifte schneiden und mit einer Tasse leicht gesalzenem Wasser ganz langsam gar kochen. Anderthalb Eßlöffel Butter in einem Topf auflösen. Möhren zugeben und tüchtig darin mischen, Petersilie kleinschneiden und darüberstreuen.

GRÜNE BOHNEN

Zwei Pfund Buschbohnen schnippeln oder in daumenlange Stücke schnei- den und mit einer halben Tasse Was- ser, einer halben Tasse Milch und anderthalb Eßlöffeln Butter ganz langsam gar kochen. Petersilie klein- schneiden und daruntermischen. Mit Salz und, wenn man hat, Bohnenkraut abschmecken. Aufpassen, daß das Bohnenkraut nicht zu scharf durch- schmeckt.

PORREE

Von zwei Pfund Porree die Stan- gen längs durchteilen und tüchtig waschen. In daumenlange Stücke schneiden und mit einer halben Tasse Wasser, einer halben Tasse Milch und anderthalb Eßlöffeln Butter ganz lang- sam gar kochen. Mit Salz ab- schmecken. Zuletzt zwei Eßlöffel Sahne zugeben.

BUTTER- ODER BLUMENKOHL

Von einem großen Blumenkohl die Blätter abbrechen und den Strunk abschneiden. Gut abwaschen und mit den Blumen (Röschen) nach oben in einem Topf mit einer halben Tasse Wasser, einer halben Tasse Milch und ein bißchen Salz ganz langsam gar kochen. Den Blumenkohl in eine Schüssel geben, anderthalb Eßlöffel Butter auflösen und über den Blumenkohl gießen.

ROSENKOHL

Den Rosenkohl waschen und gut putzen, dann wie Möhren kochen, aber ohne Petersilie. Eventuell mit Muskat würzen.

ROTKOHL

Eine Zwiebel kleinschneiden und in einem Eßlöffel Schmalz schön gelb anbraten. Aufpassen, daß die Zwiebeln nicht zu scharf gebraten werden. Zwei Pfund Rotkohl ganz fein schneiden und mit sechs Eßlöffeln leicht gesalzenem Wasser und einer Gewürznelke zu den Zwiebeln geben. Topfdeckel auflegen und das Ganze langsam gar kochen. Eine frische Kartoffel darüberreiben und mit Salz und Zucker abschmecken.

KOHLRABI

Zwei Pfund Kohlrabi schälen, in daumenlange Streifen schneiden und mit einer Tasse leicht gesalzenem Wasser ganz langsam gar kochen. Anderthalb Eßlöffel Butter auslassen und über die Kohlrabi geben. Mit Salz und Milch abschmecken.

Hinweis: Wenn die Brühe zu dünn ist, eine Kartoffel darüberreiben.

„Siuermaus kolt,
drai Dage olt,
im Schappe vergeäten,
ies 'n wane guet Eäten!"

EINSÄUERN UND EINLEGEN VON GEMÜSE

SCHNIPPELBOHNEN

Stangenbohnen erst abfädeln und dann waschen. Bohnen mit einem Küchenmesser oder einer Schnippelmaschine schnippeln. Auf zehn Pfund Bohnen kommt ein Pfund Salz.

Zunächst wird eine kleinere Schüssel Schnippelbohnen mit einer Handvoll Salz vermengt und so lange mit der Faust gestampft, bis Lake entsteht und es schäumt. So werden die Bohnen Schüssel um Schüssel verarbeitet und nach und nach in einen Steintopf geschichtet. Zuletzt werden die Bohnen mit einem Leinentuch abgedeckt und ein Holzbrett obenauf gelegt. Damit die Salzlake gut übersteht, kommt ein dicker Stein darauf. Einmal pro Woche müssen Tuch, Brett und Stein mit heißem Wasser abgewaschen werden. Nach sechs Wochen sind die Schnippelbohnen fertig, und die erste Portion kann zum Kochen entnommen werden.

(Westfalen)

GURKEN

Fünf Pfund Traubengurken waschen, mit gut drei Eßlöffeln Salz bestreuen und über Nacht ziehen lassen. Gurken abwaschen und gut abtrocknen.

Dreiviertel Liter Essig mit einem Pfund Zucker und dreiviertel Liter Wasser kochen. Die Gurken in Steintöpfe oder Gläser füllen. Einen Eßlöffel weiße Pfefferkörner, ein Pfund ganz kleine Zwiebeln, zwei Stück Meerrettich und ein Bündchen Dill auf den Gurken verteilen. Den Zucker-Essig-Saft über die Gurken gießen.

Steintöpfe mit Pergamentpapier abdecken und zubinden, Gläser zukochen.

(Westfalen)

SENFGURKEN

Fünf Pfund gelbe Gurken schälen, längs durchteilen und mit einem Eßlöffel die Samenkerne auskratzen. Gurken in fingerlange Stücke schneiden, mit drei Eßlöffeln Salz bestreuen und dann über Nacht (also gut zwölf Stunden) ziehen lassen. Einen halben Liter Essig mit einem viertel Pfund Zucker aufkochen und abkühlen lassen.

Die Gurken gut abtropfen lassen und in Steintöpfe oder Gläser füllen. Einen Eßlöffel weiße Pfefferkörner, vier Eßlöffel Senfkörner, zwei Stück Meerrettich, ein Pfund kleine Zwiebeln und ein Bund Dill auf den Gurken verteilen. Den abgekühlten Zucker-Essig-Saft über die Gurken gießen. Nach drei Tagen den Zucker-Essig-Saft noch einmal aufkochen, abkühlen lassen und wieder über die Gurken gießen. Gläser oder Steintöpfe mit Pergamentpapier abdecken und zubinden.

(Westfalen)

SAUERKRAUT

Von zwanzig Weißkohlköpfen die alten Blätter und dicken Blattrippen abstreifen und die Kernstücke ausstechen. Die Weißkohlköpfe teilen und auf der Kohlschabe schaben. Für zwanzig Pfund geschabten Weißkohl benötigt man zum Einsäuern fünf Eßlöffel Salz.

Auf den Boden des Sauerkrautfasses werden einige Weißkohlblätter gelegt. Man streut etwas Salz darüber, gibt einige Handvoll geschabten Weißkohl ins Faß und stampft den Kohl mit der Faust zusammen, bis ein bißchen Brühe darüber steht. Man füllt nun den Weißkohl nach und nach in das Sauerkrautfaß, streut jeweils etwas Salz darüber und verfährt wie vorher. Man darf nicht zuviel Salz nehmen, sonst entsteht keine Gärung, und das Sauerkraut wird faul. Das eingestampfte Sauerkraut wird mit einigen Weißkohlblättern zugedeckt. Darüber kommt ein Leinentuch, auf das ein Brett gelegt wird. Darauf kommt ein dicker Granitstein, damit die Sauerkrautlake gut übersteht. Alle acht Tage müssen Leinentuch, Brett und Stein mit heißem Wasser abgewaschen werden. Nach vier Wochen ist das Sauerkraut zum Kochen fertig.

(Westfalen)

ROTE BETE

Zwei Pfund Rote Bete waschen und in Salzwasser zwei Stunden kochen. Die Rüben abpellen und abkühlen lassen, in dünne Scheiben schneiden. Fünf Zwiebeln abpellen und auch in Scheiben schneiden.

Rüben- und Zwiebelscheiben abwechselnd in einen Steintopf oder ein Zubindeglas legen. Einen viertel Liter braunen Essig mit einem viertel Liter Wasser, zwei Körnern Nelkenpfeffer, einigen schwarzen Pfefferkörnern aufkochen, mit Salz und Zucker abschmecken und über die Rote Bete gießen. Steintopf oder Zubindeglas mit Papier abdecken und zubinden.

(Westfalen)

„Un fälet maol Floisk?
Miet'n paar Knoeken
kamme et äok no guet
un billich koeken."

FLEISCHGERICHTE VON GEKOCHTEM FLEISCH

Vom Potthast

*Z*u den Gerichten mit sehr langer Geschichte gehört in Westfalen der Potharst oder Potthast. Er wurde ursprünglich aus den „Abfällen" beim Schlachten bereitet. Man legte Ohren, Pfoten, Schwanz und Schnauze vom Schwein einige Tage in Salz. Anschließend wurden sie gewaschen und mit Gemüse und etwas Wasser zu Potharst gekocht. Im Laufe der Zeit wurde das Gemüse durch Zwiebeln ersetzt, so daß es immer mehr unserem heutigen Ragout ähnelte. Auch vom Rind gab es einen Potthast, der aus „Kleinfleisch" bereitet noch mit einer süßen, mit Korinthen versetzten Brühe übergossen wurde.
Nachstehende Rezepte haben sich bis heute bei uns erhalten. Das erste Rezept ist zugleich auch das älteste.

Potthast vom Schwein

Drei Pfund Schweinefleisch: Füße, Ohren, Schnauze, Rippen, Schwanz, ein Pfund Zwiebelscheiben, ein Lorbeerblatt, ein Bund Suppengrün mit Porree, Möhren und einem Stückchen Sellerie, einen halben Teelöffel Pfeffer und etwas Salz in einen Topf geben, mit Wasser auffüllen, auf den Herd setzen und alles ganz sachte gar kochen.
Fleisch aus dem Topf nehmen, von den Knochen lösen und in kleine Streifen schneiden. Wieder in den Topf geben, langsam aufkochen lassen, geriebenen Zwieback zufügen, umrühren bis alles schön sämig ist. Mit Salz, Pfeffer und Essig (Zitrone) abschmecken.

Beilagen: Dazu gibt es braune Ecken oder Salzkartoffeln und rote Bete.
(Soester Börde, Lipperland,
südliches Münsterland)

PFEFFERPOTTHAST VOM RIND I

Drei Pfund Rindfleisch in kleine Stücke schneiden, ein Pfund Zwiebelscheiben, ein Lorbeerblatt, ein Bund mit Porree, Möhren, ein Stückchen Sellerie, einen halben Kaffeelöffel Pfeffer, ein bißchen Salz in einen Topf geben, mit Wasser auffüllen, so daß das Fleisch bedeckt ist. Auf's Feuer setzen und das Fleisch gar kochen. Aufpassen, daß das Fleisch immer gut mit Brühe bedeckt ist.

Ein Stück Schwarzbrot oder Zwieback reiben und über das Fleisch streuen, umrühren, bis das Ganze schön sämig ist. Mit Salz, Pfeffer und Essig (Zitrone) abschmecken.

Beilagen: Dazu gibt es Salzkartoffeln, Gurken oder rote Bete.

(Soester Börde, Münsterland)

PFEFFERPOTTHAST VOM RIND II

Zwei Pfund Rindfleisch vom Rücken oder hohe Rippe in walnußgroße Stücke schneiden, anderthalb Pfund Zwiebeln schälen und in Scheiben schneiden. Fleisch und Zwiebeln in zwei Löffeln Schmalz anbraten, einen halben Kaffeelöffel gemahlenen Pfeffer, ein Lorbeerblatt und Fleischbrühe zufügen. Langsam kochen, bis das Fleisch gar ist. Aufpassen, daß das Fleisch immer mit Brühe bedeckt ist.

Danach langsam umrühren, so viel gemahlenen Zwieback zufügen, bis die Brühe sämig ist. Kurz aufkochen. Mit Salz und Zitrone abschmecken.

Beilagen: Salzkartoffeln und eingelegte Gurken, Zwiebeln oder rote Bete.

(Lipperland, südliches Münsterland)

RINDFLEISCHTOPF, FLEISCHKUCHEN

Anderthalb Pfund Rindfleisch, nicht so fett, in ganz kleine Stückchen schneiden und in etwas Butter, ausgelassenem frischem Speck oder Schmalz anbraten. Warmstellen. Anderthalb Pfund Kartoffeln kochen

und in Scheiben schneiden. Vier große Zwiebeln abpellen und kleinschneiden.

Einen tiefen Topf mit Butter ausstreichen. Nun Fleisch, Kartoffeln, Zwiebeln abwechselnd im Topf aufschich-

ten. Auf jede Schicht ein bißchen Salz und Pfeffer streuen und ein Stückchen Butter geben. Obenauf gießen wir eine halbe Tasse Milch und eine Tasse Sahne. Den Topfdeckel auflegen und diesen Topf in einen Topf kochendes Wasser stellen und zweieinhalb bis drei Stunden garen lassen.
(Münsterland, Lipperland, Sauerland)

RINDFLEISCH MIT ZWIEBELSOSSE

Zu den sogenannten Hochzeiten (Weihnachten, Ostern und Pfingsten) gab es als Festessen in Salzwasser gekochtes Rindfleisch. Nach der Suppe, vorwiegend Hühnersuppe, zu der man Weißbrot oder Brötchen aß, wurde das in Scheiben geschnittene Rindfleisch auf den Suppenteller gegeben. Über das Fleisch wurde reichlich Zwiebel- oder Rosinensoße gegossen. Dazu gab es Kartoffeln und gedünstete Möhren und als Nachtisch „Stuifen Ruis miet Brotpriumen" (dicken Reis mit Backpflaumen) oder auch „Brotappel miet Vanillesose" (Bratäpfel mit Vanillesoße).

Für zwei Pfund Rindfleisch zwei Liter Wasser mit einem Kaffeelöffel Salz zum Kochen bringen. Das Rindfleisch in das kochende Wasser geben, Topfdeckel auflegen und eine Stunde langsam kochen. Eine Porreestange, zwei Möhren, eine Zwiebel und ein Stück Sellerie zugeben und nochmals zwanzig Minuten kochen.
Inzwischen die Zwiebelsoße bereiten (Rezept S. 49).

Fleisch in Scheiben schneiden, auf einen tiefen Teller geben und Zwiebelsoße darüberfüllen.

Beilagen: Dazu gibt es braune Ecken, Backpflaumen, steifen Reis oder Salzkartoffeln mit Salat, Gurken oder rote Bete.

(Westfalen)

WARME WAMME, TÖTTCHEN

Was dem Königsberger sein „Königsberger Fleck", dem Schwaben „saure Kutteln", dem Münsterländer sein „Töttchen", das war dem Soester „warme Wamme". Vor dem Zweiten Weltkrieg war eine Allerheiligenkirmes in Soest ohne „warme Wamme" nicht denkbar. Es wurde dafür der Pansen, die eßbaren Teile aus dem Magenbereich des Rindes, verarbeitet. Der Pansen ist auch heute noch eine lukullische Spezialität.
Das Münsterländer „Töttchen" wird heute allerdings nicht mehr aus Pansen, sondern aus Kalbfleisch zubereitet.

Pansen über Nacht wässern, abspülen, auf ein Brett legen, mit Salz und Mehl bestreuen und tüchtig abreiben. Abspülen. Danach mit lauwarmem Wasser aufsetzen. Sobald das Wasser heiß ist, abgießen, mit frischem Wasser wieder auffüllen. Dieses drei- bis viermal wiederholen. Anschließend Pansen mit Möhren, Sellerie, Porree, Salz und Pfeffer acht Stunden kochen, beziehungsweise bis er weich ist. Den Pansen auf ein Sieb legen und abtropfen lassen. Noch eventuell vorhandenes Fett entfernen. Pansen in kleine Stücke oder fingerlange Streifen schneiden.

Für drei Pfund Pansen ein Pfund Zwiebeln kleinschneiden, in Butter weichdünsten (nicht bräunen lassen!). Soviel entfettete Pansen-Brühe wie gewünscht auffüllen und durch Zugabe von geriebenem Zwieback eine sämige Soße kochen. Danach Pansenstückchen zugeben und nochmals eine viertel Stunde leicht weiterkochen. Mit Majoran, Salz und Pfeffer abschmecken.

Will man die Wamme süßsauer, so muß man den Majoran fortlassen und dafür mit Essig oder Zitrone, Zucker oder Rübenkraut abschmecken. In tiefen Tellern servieren.

Beilagen: Dazu ißt man braune Ecken.
(Soester Börde, Münsterland)

„Wann diu dat eäten hest,
hälst't miet 'nem
Schmächteriggen iut!"

GEBRATENES FLEISCH

SCHWEINEBRATEN

Einen halben Liter Wasser mit einer oder zwei Möhren, einem Stückchen Sellerie, einer Zwiebel, zehn Pfefferkörnern und etwas Salz aufsetzen und kochen. Zwei Pfund Schweinefleisch abwaschen, abtrocknen und in das kochende Wasser geben. Den Topfdeckel auflegen und dreiviertel bis eine Stunde langsam kochen lassen. Fleisch aus dem Topf nehmen und auf einem Durchschlag abtropfen lassen.

In der Zwischenzeit einen Eßlöffel Butter oder ein Stückchen frischen Speck im Fleischtopf auslassen und das Fleisch von allen Seiten braun anbraten, zwischendurch mit etwas Brühe übergießen. Zuletzt das Wurzelwerk in einem Sieb auffangen und mit einem Holzlöffel – unter Zugabe von Brühe – durch das Sieb passieren. Das ergibt die Soße. Mit Salz und Pfeffer abschmecken und eventuell noch ein bißchen Sahne zufügen.

Beilagen: Dazu Salzkartoffeln mit Kopf-, Bohnen- oder Gurkensalat oder Gemüse (im Sommer Erbsen und Möhren, Kohlrabi oder Blumenkohl, im Winter Rosenkohl oder Rotkohl).

RINDERBRATEN

Wenn man früher von Braten sprach, so meinte man überwiegend Schweinebraten. Rindfleisch wurde als Festtagsessen gekocht und mit Zwiebeln und Rosinen gereicht. Noch heute wird der Rinderbraten mehr „geköchelt" als gebraten.

Für den Rinderbraten zunächst einen kleinen Streifen Speck oder anderthalb Eßlöffel Butter im Fleischtopf auslassen. Eine Zwiebel in Scheiben, zwei Möhren, ein Stück Porree in Streifen schneiden und zum Fett in den Topf geben.

Zwei Pfund Rindfleisch abwaschen, abtrocknen und im Topf von allen Seiten in dem heißen Fett anbraten. So viel heißes Wasser zufügen, daß das Fleisch gut zur Hälfte mit Wasser bedeckt ist. Zum Teil kann auch anstelle von Wasser Altbier genommen werden. Salz und Pfeffer über das Fleisch streuen und einen Eßlöffel Rübenkraut unterrühren. Topfdeckel auflegen und gut zwei Stunden ganz langsam kochen lassen. Fleisch aus dem Topf nehmen, in Scheiben schneiden und warm halten. Bratenbrühe mit Wurzelwerk durch ein Sieb gießen. Mit einem Holzlöffel das Wurzelwerk durch das Sieb passieren. Wem die Soße zu suppig ist, der kann noch etwas geriebenen Zwieback unterrühren. Mit Salz und Pfeffer abschmecken und eventuell noch ein bißchen Sahne zufügen.

(Westfalen)

SCHWEINEPFEFFER

Anderthalb Pfund Schweinefleisch in kleine Stücke schneiden. Drei Eßlöffel Schmalz oder Butter in der Pfanne heiß machen. Ein halbes Pfund Zwiebeln abpellen und fein schneiden. Fleisch und Zwiebeln in der Pfanne anbraten. Aufpassen, daß die Zwiebeln nicht zu braun werden. So viel heißes Wasser aufgießen, daß das Ganze gut bedeckt ist. Ein Lorbeerblatt, zehn Pfefferkörner zugeben und alles anderthalb bis zwei Stunden ganz langsam kochen lassen. Einen Eßlöffel geriebenen Zwieback und drei Eßlöffel Rübenkraut, zur Schlachtzeit statt Rübenkraut frisches Schweineblut zufügen. Umrühren. Mit Salz und Pfeffer und, wenn man mag, mit Majoran abschmecken.

(Soester Börde)

GESCHMORTE PÖKELRIPPE

Zwei Pfund Pökelrippe in zwei Eßlöffeln Butter in der Pfanne anbraten. Eine Tasse heißes Wasser, eine kleingeschnittene Zwiebel, ein Lorbeerblatt, drei Pfefferkörner zugeben. Ganz langsam gar schmoren.

Beilagen: Dazu gibt es Salzkartoffeln oder Kartoffelbrei, entweder mit grünen Erbsen, Sprossenkohl oder Sauerkraut.

(Soester Börde)

SENFFLEISCH

Fleisch kochen. In kleine Stücke schneiden, tüchtig in Senf wälzen. Eine halbe Stunde zur Seite stellen, in Eigelb und geriebenem Zwieback wälzen und in heißer Butter oder Schmalz anbraten.

Beilagen: Schmeckt gut zu gedämpften Kartoffeln und Salat.

(Soester Börde)

„Eäte, wat gar ies,
drink, wat klaor ies,
kuier, wat waor ies!"

SOSSEN

Rosinensosse

Zwei Zwiebeln abpellen, kleinschneiden und mit einem Löffel Butter anbraten. Wenn die Zwiebeln anfangen, gelb zu werden, mit zwei Schöpfkellen Brühe auffüllen, reichlich Rosinen zugeben. So lange kochen, bis die Rosinen weich sind. Nach und nach geriebenen Zwieback zugeben, bis die Soße sämig ist. Mit Salz, Pfeffer und ein bißchen Rübenkraut abschmecken.

(Soester Börde, Sauerland, Münsterland)

Backpflaumensosse

Anderthalb Tassen Backpflaumen in Wasser einweichen, abgießen und entsteinen.

Braten aus dem Brattopf nehmen. Backpflaumen zum Bratensatz durch ein Sieb streichen. Gut durch- und umrühren. Einen viertel Liter Sahne zufügen und kurz aufkochen. Wem das Ganze zu steif ist, der kann noch gute Fleisch- oder Knochenbrühe zufügen. Zuletzt mit Salz und Pfeffer abschmecken.

Hinweis: Paßt gut zu Schweine-, Enten- oder Gänsebraten.

(Soester Börde, Sauerland, Münsterland)

Senfsosse zu Sülze und kaltem Fleisch

Einige hartgekochte Eigelb mit ein bißchen Senf und Öl verrühren, das Eiweiß schön fein hacken und zufügen. Das Ganze durchrühren und mit Salz und Pfeffer abschmecken.

(Westfalen)

Specksosse zu grünem Salat

Frischen Speck ganz fein schneiden und in der Pfanne auslassen. Aufpassen, daß die Grieben nicht zu kroß werden. Zwei Eigelb mit einer Tasse Milch verrühren, zu den Grieben in die Pfanne gießen und zu einer schönen sämigen Soße rühren.

Mit Salz, Pfeffer und ein bißchen Essig abschmecken.

(Westfalen)

ZWIEBELSOSSE ZU GEKOCHTEM RINDFLEISCH ODER SAUREN KARTOFFELN

Ein halbes Pfund Zwiebeln abpellen, kleinschneiden und mit einem Löffel Butter anbraten. Wenn die Zwiebeln anfangen, gelb zu werden, mit zwei Schöpfkellen Brühe auffüllen, einen Löffel Rosinen zugeben, gut um- rühren, nach und nach geriebenen Zwieback zufügen, bis die Soße ganz sämig ist.

(Westfalen)

KARTOFFELGERICHTE

„Kartoffelferien" hießen die Schulferien im Frühherbst nicht ohne Grund! Denn auch die Kinder hatten bei der Kartoffelernte ihren Beitrag zu leisten, indem sie die ausgemachten Erdäpfel auflasen. Anschließend wurde das Kartoffelkraut zu Haufen geschichtet und verbrannt. Die Kartoffelfeuer waren geselliges und kulinarisches Ereignis zugleich. Der besondere Genuß dabei ist bis heute das Backen der ersten frischen Kartoffeln in der heißen Glut.

„De Tuifeln laiwet dat Fett
säo guet oppem Lanne,
äs in de Panne."

GEDÄMPFTE KARTOFFELN
(Dümpetiufeln)

Kartoffeln schälen und in Streifen schneiden. Frischen ungeräucherten Speck kleinschneiden und in der Pfanne auslassen. Kartoffeln in das heiße Fett geben und salzen. Einige Minuten anbraten lassen, dann etwas Wasser zugießen und die Pfanne mit einem Deckel zudecken. Wenn der Deckel nicht dicht schließt, den Deckelrand mit einem nassen Tuch bedecken. Sobald die Kartoffeln gar sind, werden sie mehrmals gewendet und in der Pfanne zu Tisch gebracht.

Variation: Man kann kleingeschnittene Zwiebelstücke mitdämpfen oder Winterbirnen durchschneiden, die Kerne entfernen und die Birnenstücke mitdämpfen.

(Westfalen)

STAMPFKARTOFFELN, KARTOFFELBREI

Zwei Pfund Kartoffeln schälen und in gesalzenem Wasser in einer guten halben Stunde gar kochen. Topfdeckel auflegen nicht vergessen! Wasser abgießen, mit einem Kartoffelstampfer die Kartoffeln zerstampfen. Heiße Milch, einen Eßlöffel Butter und ein Eigelb zufügen. Umrühren. Mit einem Schneebesen gut durchschlagen. Einen halben Eßlöffel Zucker zugeben und mit Salz und, wenn man mag, Muskat abschmecken.

(Soester Börde)

SPANISCH FRIKKO

Beliebt, geheimnisumwittert sein Ursprung und Name! Würde man den Beliebtheitsgrad eines Gerichtes an der Zahl der Rezeptvorschläge messen, „Spanisch Frikko" würde sehr weit oben stehen. Diese Vorschläge betreffen in der Hauptsache die Variationsmöglichkeiten mit verschiedenem Gemüse.
Im Grundrezept besteht fast wörtliche Übereinstimmung:

Zwei Pfund Fleisch vom Schwein oder vom Rind (oder halb und halb) kleinschneiden. Kartoffeln schälen und in Scheiben schneiden. Man benötigt zwei gehäufte Suppenteller voll und einen Suppenteller voll kleingeschnittener Zwiebeln. Zwiebeln in zwei Eßlöffeln Butter erhitzen und beiseite stellen. Einen Stich Butter zerpflücken und in einem Suppentopf auf dem Boden verteilen. Darauf abwechselnd Kartoffeln, Fleisch und Zwiebeln zweifingerbreit schichten. Auf die Kartoffeln und das Fleisch jedes Mal ein bißchen Butter und Pfeffer geben. Obendrauf drei Eßlöffel Sahne verteilen und den Topfdeckel auflegen.

Den Topf gut zweieinhalb bis drei Stunden in einen Topf kochendes Wasser stellen.

Beilagen: Dazu gibt es braune Ecken.

(Westfalen)

PELLKARTOFFELN MIT SAURER SAHNE

Fünf Zwiebeln abpellen und kleinschneiden, eine halbe Kanne saure Sahne zufügen. Mit Salz und Pfeffer abschmecken und so lange umrühren, bis die Sahne glatt vom Löffel läuft.

Zwei Pfund Kartoffeln kochen, abpellen und die Sahnesoße darübergießen.

Beilagen: Dazu gibt es eine Scheibe lufttrockenen Schinken.

Hinweis: Saure Sahnesoße schmeckt auch gut im Herbst zu Kartoffeln aus dem Kartoffelfeuer.

Variation: Wenn man keine saure Sahne hat, kann man auch Quark nehmen: Ein halbes Pfund Quark mit Milch glattrühren. Mit Salz und Pfeffer abschmecken. Wer will, der kann auch Schnittlauch oder Zwiebellaub kleinschneiden und unterrühren.

(Soester Börde)

SAURE KARTOFFELN

Mäusekartoffeln (kleine, längliche Kartoffeln) mit Zwiebelsoße und einer Scheibe lufttrockenem Schinken oder einem Stück lufttrockener Mettwurst servieren.

(Kurkölnisches Sauerland)

BAUERNFRÜHSTÜCK

Einen Eßlöffel Schmalz oder Butter in der Pfanne erhitzen. Ein viertel Pfund Speckwürfel und anderthalb Pfund gekochte und in Scheiben geschnittene Kartoffeln anbraten. Dann ein viertel Pfund in Streifen geschnittenen Schinken und drei in Würfel geschnittene kleine Zwiebeln dazugeben und kurz mitbraten. Vier Eier mit etwas Salz verschlagen und über die Kartoffeln gießen. Pfannendeckel auflegen und die Eimasse stocken lassen. Vor dem Anrichten mit gehackter Petersilie bestreuen.

Beilagen: Dazu reicht man frische Salate.

(Westfalen)

REIBEKUCHEN, REIBEPUFFERT, PUFFERT

Ein Pfund Mehl in eine Schüssel geben und in der Mitte eine Vertiefung machen. Zwei Eßlöffel Hefe mit etwas warmer Milch und einem Kaffeelöffel Zucker anrühren und in die Vertiefung schütten. Mit dem Mehl zu einem Teig rühren und zwanzig Minuten gehen lassen.

Sechs dicke Kartoffeln schälen, reiben, ablaufen lassen, mit drei Eiern, zwei Eßlöffeln Butter und einem Liter Milch zum Teig geben. Den Teig tüchtig rühren, bis er schwer vom Löffel fällt. Im Fleischtopf kleine Speckstücke auslassen, den Teig hineingeben und in einer bis anderthalb Stunden gar backen. Aus der Form stürzen und heiß auf den Tisch bringen.

Hinweis: Mit Kaffee und Schwarzbrot ein deftiges Abendessen.

(Münsterland)

POTTHUCKE

Zwei Pfund frische Kartoffeln schälen, reiben und gut ausdrücken. Ein halbes Pfund gekochte Kartoffeln feinstampfen, den frischen Kartoffelbrei, eine Tasse Sahne (Milch), vier Eier zufügen und das Ganze gut durchrühren. Mit Salz und Pfeffer abschmecken.
Ein viertel Pfund frischen durchwachsenen Speck im Fleischtopf auslassen. Danach den Kartoffelbrei in den Topf füllen. Das Ganze im heißen Backofen in gut dreiviertel Stunden gar backen. Die Potthucke heiß auf den Tisch bringen.

Beilagen: Dazu gibt es frischen Salat. Manche Leute mögen auch Apfelmus dazu.

(Märkisches und kurkölnisches Sauerland)

„Wat hört taum Salaot?
'n gräotes Miul!"

S ALATE

KARTOFFELSALAT

Heute finden wir den Kartoffelsalat nicht mehr so oft an Sonn- und Feiertagen auf dem Abendbrottisch, wie das im ersten Drittel unseres Jahrhunderts üblich war. Er ist auf dem besten Wege, zu einem „Arme-Leute-Essen" herabgewürdigt zu werden. Vergleicht man den Kartoffelsalat von früher mit dem von heute, so muß man leider feststellen, daß beide nur noch den Namen gemeinsam haben. Darum sollten wir unseren Freunden und Gästen einmal wieder selbstgemachten Kartoffelsalat nach altem Rezept servieren.

Für einen solchen Kartoffelsalat werden zwei Pfund Pellkartoffeln abgepellt und in Scheiben geschnitten. Für die Soße acht Eßlöffel Öl mit vier Eßlöffeln Essig verrühren, eine kleingeschnittene Zwiebel und einen halben Kaffeelöffel Zucker zufügen. Gut umrühren und mit Salz und Pfeffer und eventuell mit Senf abschmecken. Kartoffelscheiben in eine tiefe Schüssel geben und die Salatsoße darüber- gießen. Mit zwei Löffeln langsam umrühren. Einige hartgekochte Eier in Scheiben schneiden und mit kleingeschnittener Petersilie über den Kartoffelsalat verteilen. Wenn man hat, kann man vor dem Umrühren noch zwei bis drei Eßlöffel Sahne zufügen.

Beilagen: Dazu gibt es Knackwurst oder Sülze.

(Westfalen)

UROMAS KARTOFFELSALAT

Ein Pfund Kartoffeln zwanzig bis dreißig Minuten mit der Schale kochen. Kurz unter kaltem Wasser abschrecken und anschließend abkühlen lassen. Kartoffeln pellen und in Scheiben schneiden (Eierschneider verwenden, um gleichmäßige Scheiben zu erhalten). Drei Gurken, zwei Äpfel, zwei Zwiebeln, zwei hartgekochte Eier in kleine Würfel schneiden und unter die Kartoffeln mischen. Darüber die Salat- soße (siehe Seite 59) gießen und das Ganze ganz vorsichtig umrühren. Eventuell mit Salz und Pfeffer nachwürzen. Ein hartgekochtes Ei in Scheiben schneiden und den Kartoffelsalat damit dekorieren. Fein geschnittene Petersilie darüber streuen.

Beilagen: Heiße Knack- oder Fleischwurst (Frankfurter, Wiener und ähnliche Sorten).

UROMAS SALATSOSSE

Eine halbe Tasse Schmand (Sahne), eine halbe Tasse Quark (noch besser mit Joghurt), zwei Eßlöffel Essig gut miteinander verrühren. Mit Salz, Pfeffer und etwas Zucker pikant abschmecken.

HERINGSALAT

Zehn Heringe abwaschen und eine Nacht in Wasser oder Milch legen. Abtropfen lassen. Heringe abziehen, Gräten entfernen und kleinschneiden. Ein halbes Pfund Bratenfleisch und ein halbes Pfund gekochten Schinken oder ein Pfund Bratenfleisch kleinschneiden. Drei Äpfel (Boskop), vier Gurken, drei bis vier große Zwiebeln, fünf oder sechs hartgekochte Eier kleinschneiden. Ein Pfund rote Bete kochen und kleinschneiden. Ganz vorsichtig mischen und umrühren.

Zwei Eigelb mit einem Kaffeelöffel Senf verrühren. Nach und nach zwei Eßlöffel Öl und drei Eßlöffel Quark zufügen und mit Salz, Pfeffer und etwas Essig abschmecken. Salatsoße vorsichtig unter den Heringsalat rühren. Einige Stunden ziehen lassen.

(Westfalen)

„*Wat ies dat för'n Eäten vandage –*
kain Pannekauken oppem Disk?"

PFANNEKUCHEN

BUCHWEIZENPFANNEKUCHEN
(Baukwaiten-Henrich)

Ein Pfund Buchweizenmehl mit zwei Schöpfkellen (einem halben Liter) Milch, vier Eiern, einem halben Kaffeelöffel Zucker und ein bißchen Salz zu einem glatten Teig rühren. Zweieinhalb Stunden an einen warmen Ort stellen.

Schmalz oder Butter in der Pfanne auslassen, einen Löffel Teig in die Pfanne geben und ausbacken.

Wenn man keine Milch zur Hand hat, kann man auch Gerstenkaffee nehmen und in den Teig noch zwei Löffel gut abgewaschene Rosinen geben.

Beilagen: Zu Buchweizenpfannekuchen schmecken Honig, Rübenkraut, Pumpernickel, braune Ecken oder auch Schwarzbrot mit Butter und Salat.

Variation: Wer gerne Speck ißt, der schneidet sich ein halbes Pfund Speck in kleine Stücke und läßt sie in der Pfanne aus. Zum Backen gibt man auf zwei Löffel Speckgrieben einen Löffel Buchweizenteig und läßt sie auf beiden Seiten gut ausbacken.

(Münsterland)

MEHLPFANNEKUCHEN

Einen halben Liter Milch, ein halbes Pfund Mehl und einen Kaffeelöffel Salz zu einem Teig rühren und eine halbe Stunde warm stellen. Wenn man hat, kann man auch zwei oder drei Eier zugeben.

In der Pfanne Öl heiß machen. Einen großen Löffel Teig in die Pfanne geben und auf beiden Seiten schön gelb backen.

(Westfalen)

MEHLPFANNEKUCHEN MIT ÄPFELN, PFLAUMEN, KIRSCHEN ODER WALDBEEREN

Einen halben Liter Milch, ein halbes Pfund Mehl, drei Eier und einen Kaffeelöffel Salz zu einem Teig rühren und eine halbe Stunde warmstellen. In der Pfanne Öl heiß machen. Einen

Löffel Teig in die Pfanne und Apfelstücke, halbe Kirschen, halbe Pflaumenstücke oder Waldbeeren auf den Teig geben und langsam ausbacken.

(Westfalen)

SPECKPFANNEKUCHEN

Speck kleinschneiden und in der Pfanne auslassen. Aufpassen, daß die Grieben nicht zu scharf gebraten werden. Mehlpfannekuchenteig zugeben und auf beiden Seiten ausbacken.

Beilagen: Knackig frischer grüner oder gemischter Salat.

(Westfalen)

EIERPFANNEKUCHEN

Ein halbes Pfund Mehl, eine Tasse Milch, drei Eigelb zu einem Teig rühren und eine viertel Stunde ruhen lassen. Das Eiweiß zu Schnee schlagen und unter den Teig rühren. Mit Salz abschmecken.
Öl in der Pfanne heiß machen. Eine Schöpfkelle Teig in die Pfanne geben und bei nicht zu großer Hitze auf beiden Seiten ausbacken.

Beilagen: Dazu schmeckt Rübenkraut oder Apfelmus.

(Westfalen)

KARTOFFELPFANNEKUCHEN

Zwei Pfund rohe Kartoffeln reiben. (Für Magenkranke nimmt man eineinviertel Pfund rohe und dreiviertel Pfund gekochte Kartoffeln.) Einen Kaffeelöffel Salz und zwei Eier zufügen. Alles gut durchrühren. In einer Pfanne Öl oder Schmalz erhitzen und mit einem kleinen Schöpflöffel portionsweise den Brei hineingeben. Unter Umwenden handtellergroße Plätzchen daraus backen.

Beilagen: Mit Apfelmus servieren.

Hinweis: Übriggebliebene Kartoffelpfannekuchen aufwärmen oder auch kalt auf butterbestrichenem Schwarzbrot oder auf Weizenstuten mit Rübenkraut servieren.
Statt Fleisch zu Erbsensuppe, Bohnen- oder Schnippelbohnensuppe reichen.
(Münsterland, Soester Börde)

PICKERT, LAPPENPICKERT, PFANNENPICKERT

Drei Pfund Kartoffeln schälen, waschen und in eine Schüssel reiben; ein halbes Pfund Weizenmehl, drei Eier und eine Tasse Schmand oder Milch zufügen und gut umrühren. In einer kleinen Pfanne Öl heiß machen oder frischen Speck auslassen und den Kartoffelteig mit einem kleinen Schöpflöffel daumendick in die Pfanne füllen. Den Teig auf beiden Seiten nicht zu dunkel ausbacken.

Auf jeden Pickert ein Stückchen Butter geben und ihn noch heiß auf den Tisch bringen.

Variation: Man kann den Pickert auch mit Gelee, Rübenkraut oder sogar mit Leberwurst essen.
(Lipperland, Münsterland, Sauerland)

GAISEKE, GIESEKE

Eine beliebte „Pfannekuchenspezialität" des Sauerlandes und der Haar waren die Gaiseke oder Gieseke. Weizenmehl, geriebene Kartoffeln und Milch wurden zu einem Pfannekuchenteig gerührt. Man warf den Teig mit einem Löffel an die mit Fett oder Schmalz eingeriebenen heißen Wände des Eisenofens, bis er gar gebacken herunterfiel. Die Gaiseke wurden mit Butter und Rübenkraut bestrichen und heiß gegessen.

(Sauerland)

„Saite Meälke ies wittes Blaut,
wai se drinket, dai dait klauk!"

MILCH- UND MEHLSPEISEN, KÄSE

HOTTEN
(Holtenmeälke)

Leider ist der Name Hotten, auch Hoppen genannt, in Vergessenheit geraten. Hotten, hotteln, „die Meälke hottelt" = die Milch läuft zusammen, sie gerinnt. Die geronnene Milch wird auf ein Seihtuch gegeben, und nach Ablaufen der Flüssigkeit bleibt das Eiweiß, der Hotten, übrig.

Hottenmilch wurde früher, besonders in der wärmeren Jahreszeit, von Mai bis weit in den Herbst hinein tagaus, tagein als nahrhafte, aber auch durstlöschende Vorspeise zum Mittagessen gegessen. Ein Sprichwort lautet: „De Kruinekrane brenget diän Hottenkietel miet und niemet 'ne äok wuier miet." (Die Kraniche bringen den Hottenkessel mit und nehmen ihn auch wieder mit.)

Die Herstellung der Hottenmilch war sehr einfach. Abgerahmte, süße Milch wurde zum Kochen gebracht, ein „Halwer Schlaif" (eine halbe Schöpfkelle) Salzwasser zugefügt und etwas „Kwol" (Lab) hineingekrümelt. Schon bald begann die Milch zu „hotteln" (zu gerinnen), und weiße Käseflocken schwammen auf einer grünlichen Flüssigkeit, der „Wietke" (Molke, Käsewasser). Diese Molke wurde zur Hälfte abgegossen und durch frische Milch ersetzt.

(Westfalen)

RÜHREI
(Aihottel, Hottenägger)

Einen Eßlöffel Butter in einem Steintopf (Keramik) auflösen. Sechs Eier mit sechs Eßlöffeln Milch und ein bißchen Salz verrühren und mit der Butter mischen.
Ein kleines Stück frischen Speck in der Pfanne auslassen, Eiermilch zufügen und backen lassen, bis sie steif ist. Danach mit zwei Gabeln auseinanderreißen.

Beilagen: Schmeckt gut mit gedämpften Kartoffeln, Stampfkartoffeln oder auf Schwarzbrot mit Butter.

(Westfalen)

PLUNNERMEÄLKE

An heißen, schwülen Sommertagen mit Gewitterneigung wird frische Milch in einer offenen Schüssel beiseite gestellt. Innerhalb von vierundzwanzig Stunden ist die Milch „geplunnert" (geronnen). Diese „Plunnermeälke" wird umgerührt, mit Zucker und Zimt bestreut und mit einer Scheibe Schwarzbrot gegessen. Das ist eine nicht nur leckere, sondern auch nahrhafte und erfrischende Nachspeise.

(Westfalen)

DICKE MILCH

Frischer Milch wird Lab zugegeben. Sobald die Milch geronnen ist, wird sie in einen Leinenbeutel gefüllt, um die „Wietke" (Molke) abfließen zu lassen. Dann wird die „frische Käsematte" in eine Schüssel gegeben und mit Milch oder, soweit man hat (früher nur bei besonderen Anlässen), mit süßer Sahne angerührt, mit Zucker und Zimt bestreut und als Vor- oder Nachspeise gereicht.

(Westfalen)

BUTTERMILCHSUPPE (EINFACH)
(Keärnemeälksiupen)

Frische Buttermilch erhitzen, ein paar Schwarzbrotscheiben zugeben – und fertig ist die Keärnemeälksiupen. Ihren besonders guten Geschmack verdankte die Buttermilchsuppe in früheren Jahren den auf der Suppe schwimmenden und vom Buttern zurückgebliebenen Butterstückchen.

(Westfalen)

KÄSEMATTE, HANDKÄSE

Milch warm stellen und gerinnen lassen, dann in ein sauberes Leinentuch füllen und abtropfen lassen. Mit Salz abschmecken und zu faustgroßen Käsestückchen ausrollen. Luftig stellen. Der Käse ist reif, wenn sich eine gelblich-weiße Haut gebildet hat.

Variation: Je nach Geschmack kann man den Käse mit kleingewürfelten Zwiebeln oder Kümmel würzen.

(Westfalen)

BIERSUPPE MIT EI
(Aisiupen)

Eine halbe Kanne Milch mit einer Stange Vanille und zwei Löffeln Zucker kochen. Einen Löffel Mehl mit etwas kalter Milch anrühren und in die heiße Milch geben. Eine halbe Kanne Bier unter die Milch rühren, und das Ganze sachte aufkochen lassen. Mit Salz abschmecken. Vom Herd nehmen und zwei Eigelb darunterziehen. Das Weiße von den Eiern zu Schnee schlagen und auf die Suppe geben.

(Soester Börde, kurländisches Sauerland)

BIERSUPPE MIT EI UND KORINTHEN
(Wamboier)

Bei Wamboier handelt es sich um die gleiche Suppe wie im Rezept vorher, es sind ihr noch zusätzlich Korinthen zugefügt.

Sie wurde auch Totensuppe genannt, weil sie nach Beerdigungen gegessen wurde.

(Soester Börde, kurländisches Sauerland)

BLINDE FISCHE

Zwei Eier in eine Schale Milch geben und beides mit einem Löffel gut durcheinanderschlagen. Zehn Zwiebäcke in der Eiermilch wenden und mit ein bißchen Butter in der Pfanne anbraten. Danach auf einen Teller geben und mit Zimt und Zucker bestreuen.

Apfelmus schmeckt auch dazu.

(Soester Börde, südliches Münsterland)

HACKEPOHL
(Milchsuppe mit Mehlklößchen)

Vier Tassen Milch mit vier Löffeln Zucker zum Kochen bringen. Vier Löffel Mehl in eine Schüssel geben, zwei Eier darüberschlagen und beides gut durchkneten. Mit bemehlten Händen Streusel machen und in die kochende Milch geben. Eine Viertelstunde ziehen lassen.

(Soester Börde)

EIERKÄSE, EIERKUCHEN

Acht oder neun Eier, einen Liter Milch und ein bißchen Salz mit einem Schneebesen gut verrühren. In einen Stein(Keramik-)topf gießen. Den Steintopf so lange in kochendes Wasser stellen, bis alles geronnen und fest geworden ist. Eikäse auf einen Teller stürzen.

Darüber einen Guß Sahne oder Milch mit Zimt und Zucker oder Himbeersaft geben.

(Kurkölnisches Sauerland)

GRAUE GRETE
(Gruise Graite, Rüemel, Ruemeltse)

Dreiviertel Pfund Backpflaumen und Backobst in heißem Wasser einweichen. Danach auf einen Durchschlag geben und ablaufen lassen. Zehn Schöpfkellen abgerahmte Milch mit einem Pfund trockenem Brot oder Brotecken kochen, Backpflaumen und Backobst zugeben. Mit drei Löffeln Zucker abschmecken.

(Westfalen)

GRIESSMEHLBREI

Dreiviertel Liter Milch kochen. Langsam anderthalb Tassen Grießmehl, zwei Eßlöffel Butter, eine Tasse Zucker, eine halbe Stange Vanille und ein bis zwei Eigelb unterrühren. Das Eiweiß zu Schnee schlagen und langsam unter den Brei geben. Grießmehlbrei in eine Schüssel füllen und abkühlen lassen.

Darüber schmeckt Himbeersaft.

(Westfalen)

TOPFBEUTEL
(Pöttkesbuil)

Ein halbes Pfund Reis, ein viertel Pfund Backpflaumen, zwei Löffel Rosinen in einem Seihetuch zu einem Beutel zusammenbinden. Unter dem Knoten einen Holzlöffel durchschieben und das Ganze anderthalb Stunden in einen Topf mit heißem Wasser hängen. Danach den Knoten aufknüpfen und den Beutelinhalt in eine Schüssel schütten, braune Butter darübergeben und mit Zucker bestreuen.

(Soester Börde, Sauerland)

MEHLKNÖDEL MIT GETROCKNETEN APFELSCHEIBEN, BACKPFLAUMEN UND SPECKSOSSE

Zwei Löffel Butter schaumig rühren, nach und nach ein Ei, ein Eigelb und vier Löffel Mehl zugeben. Mit Salz und einem Strich Muskatnuß abschmecken und tüchtig durcheinanderkneten. Vom Teig Knödel abstechen und zehn Minuten in kochendem Wasser ziehen lassen. Aus dem Wasser nehmen und auf dem Herd warm stellen.

Ein Stückchen Speck kleinschneiden und in der Pfanne auslassen. Eine kleingeschnittene Zwiebel in dem ausgelassenen Speck gelb werden lassen, und mit zwei Schöpfkellen Brühe auffüllen. Mit Salz und Pfeffer abschmecken.

Dreiviertel Pfund getrocknete Äpfel und Backpflaumen mit Wasser und einem bißchen Zucker eine Viertelstunde kochen. Specksoße, Apfel und Backpflaumen über die Knödel geben, und das Ganze einmal umrühren.

(Soester Börde)

STEIFER REIS

Einen Liter Wasser aufkochen, ein viertel Pfund Milchreis zufügen und gut fünf Minuten langsam kochen lassen. Reis auf einen Durchschlag geben und abtropfen lassen.

Dreiviertel Liter Milch mit drei Eßlöffeln Zucker, zwei Eßlöffeln Butter und einer halben Stange Vanille aufkochen, Reis zugeben und das Ganze gut eine Stunde auf kleinster Wärmestufe ausquellen lassen. Reis in eine Schüssel füllen. Zwei Eßlöffel Zucker mit zwei Eßlöffeln Zimt mischen und über den Reis streuen.

Variation: Statt Zimt und Zucker kann man auch Backpflaumen und Backobst erhitzen und zu dem Reis essen.

(Westfalen)

„Un ies äok föer viele
te schwaor düese Kost:
Vergeät't 'n Klaoren nit:
Iek segge Prost!"

GETRÄNKE MIT ALKOHOL

ADVOKATENSCHNAPS
(Hoppelpock)

Zu sechs Eigelb eine Tasse Sahne und fünf Löffel Zucker geben. Das Ganze mit einem Schneebesen tüchtig schlagen. Zuletzt anderthalb Schnapsgläser Rum unterrühren.

(Westfalen)

HOPPELPOPPEL

Zu vier Eigelb eine Tasse Sahne, eine halbe Kanne Bier und fünf Eßlöffel Zucker oder mehr zufügen. Nun alles mit einem Schneebesen tüchtig schlagen. Zuletzt zweieinhalb Schnapsgläser Rum oder Arrak unterrühren. Man kann auch noch einen Strich Muskatnuß darunterziehen.
(Märkisches Sauerland, Soester Börde)

AUFGESETZTER

Dieses likörähnliche Getränk, das gern an Sonntagnachmittagen den Gästen angeboten wurde, entsteht auf der Grundlage von schwarzen Johannisbeeren, Sauerkirschen oder auch Himbeeren. Mit den geputzten und gewaschenen Früchten werden Liter- oder Korbflaschen zu einem Drittel gefüllt. Eine fingerdicke Schicht weißen Kandiszucker daraufgeben, alles mit 32prozentigem klarem Schnaps bis zum Rand auffüllen und mindestens sechs Wochen lang gut durchziehen lassen. Besonders gut bekommt dem Aufgesetzten ein Fensterbankplatz in der Sonne bei mäßiger Wärme.

„Wuinachten bäckt joidermann,
Äostern bäckt, wai et kann,
Pfingsten bäckt de ruike Mann."

BACKWERK

BRAUNE ECKEN, WECKEN

Sechzig Gramm Hefe mit einem achtel Liter warmem Wasser verrühren. Ein Pfund Roggenmehl, ein halbes Pfund Weizenmehl, zwei Eßlöffel Salz in eine tiefe Schüssel geben und gut durchrühren. In der Mitte eine Vertiefung machen, die aufgelöste Hefe hineingeben und von den Seiten ein bißchen Mehl darüberstreuen. Die Schüssel mit einem Tuch abdecken und den Teig eine gute Stunde gehen lassen. Den Teig mit einem Holzlöffel durchrühren, bis er sich gut vom Löffel löst. Danach den Teig zu einer faustdicken Rolle ausrollen. Die Rolle in etwa fünfzehn Stücke teilen.

Aus den Stücken Brötchen formen. Kuchenblech mit einer Speckschwarte einreiben. Die Brötchen darauflegen, mit einem Messer längs einschneiden und noch einmal eine gute halbe Stunde gehen lassen. Mit warmer Milch bestreichen und im heißen Ofen in zwanzig bis dreißig Minuten ausbacken.

Variation: Statt Milch kann man auch eine Tasse Wasser aufkochen, zwei Eßlöffel Kartoffelmehl darin verrühren und die heißen Ecken damit einstreichen.

(Soester Börde)

HEISSEWECKEN
(Hoitweggen, Haitkölskes, Nunnenföetkes)

Diese faustgroßen Wecken wurden im Kurkölner Raum vor allem zu Fastnacht gebacken, daher auch die Bezeichnung „Haitkölskes".

Vierzig Gramm Hefe mit drei Eßlöffeln handwarmer Milch und drei Eßlöffeln Zucker durcheinanderrühren. Ein Pfund Weizenmehl in eine tiefe Schüssel geben, mittendrin eine Vertiefung machen und die aufgelöste Hefe hineingeben. Etwas Mehl darüberstreuen, mit einem Tuch abdecken und zwanzig Minuten warmstellen.
Drei Schöpfkellen Milch mit drei Eßlöffeln Butter warm machen und mit dem Teig verrühren. Den Teig mit

einem Holzlöffel so lange schlagen, bis er Blasen wirft und sich gut vom Löffel löst. Den Teig noch einmal zwanzig Minuten gehen lassen. Ein halbes Pfund Rosinen abwaschen, auf einen Durchschlag geben und abtropfen lassen, zum Teig geben und alles gut durcheinanderkneten. Den Teig zu einer dicken Rolle kneten, in faustgroße Stücke schneiden und mit etwas Mehl auf den Händen zu runden Wecken formen. Backblech mit Butter bestreichen, die Wecken darauflegen und fünfzehn Minuten gehen lassen. Danach im heißen Ofen fünfzehn Minuten backen und mit heißer Milch oder Butter bestreichen.

(Kurkölnisches Sauerland)

FLACHE WECKEN, FLADEN
(Plattweggen)

Anderthalb Pfund Weizen- und drei Pfund Roggenmehl mischen. Drei Viertel davon in eine tiefe Schüssel sieben. In der Mitte eine Vertiefung machen, ein bißchen Hefe in Wasser auflösen und mit einem halben Pfund Sauerteig hineingeben. Das Ganze gut durchrühren und eine halbe Stunde gehen lassen. Danach anderthalb Eßlöffel Salz und das übrige Mehl zufügen und tüchtig durchkneten. Nach und nach einen halben Liter warmes Wasser oder noch besser Buttermilch zufügen und kneten, bis der Teig schön geschmeidig ist. Einen Kaffeelöffel gemahlenen Fenchel und einen Kaffeelöffel Koriander in den Teig rühren und gut zwei Stunden gehen lassen. Der Teig muß um die Hälfte aufgehen.

Noch einmal den Teig gut durchkneten. Zehn bis zwölf handgroße, fingerdicke flache Wecken formen. Kuchenblech mit Butter oder Schmalz einreiben. Die Wecken daraufgeben, ein bißchen Mehl darüberstreuen, einige Male mit der Gabel einstechen und im heißen Ofen anderthalb Stunden backen.

(Kurkölnisches Sauerland)

BUTTERWECKEN, BUTTERSEMMELN

Vierzig Gramm Hefe mit drei Eßlöffeln warmer Milch und zwei Eßlöffeln Zucker verrühren. Ein halbes Pfund Weizenmehl in eine tiefe Schüssel geben, in der Mitte eine Vertiefung machen, dahinein die aufgelöste Hefe geben und ein bißchen Mehl von den Seiten darüberstreuen.

Den Teig mit einem Tuch abdecken und gut zwanzig Minuten gehen lassen.

Drei Eßlöffel Butter mit einem viertel Liter Milch erwärmen und mit einem halben Pfund Weizenmehl unter den Teig rühren. Den Teig tüchtig kneten, bis er sich gut vom Löffel löst, noch einmal mit einem Tuch abdecken und wieder zwanzig Minuten gehen lassen. Danach gut durchkneten und zu einer faustdicken Rolle ausrollen. Die Rolle in gut zwanzig Stücke teilen. Aus jedem Stück ein rundes Brötchen formen. Kuchenblech mit einer Speckschwarte einreiben. Die Brötchen darauflegen und eine gute Viertelstunde gehen lassen. Brötchen im heißen Ofen in einer Viertelstunde ausbacken. Danach mit heißer Milch oder heißer Butter bestreichen.

(Westfalen)

PFEFFERKUCHEN, PFEFFERSTUTEN
(Geärkauken)

Ein Pfund Rübenkraut, ein halbes Pfund Zucker, ein halbes Pfund Butter aufkochen und abkühlen lassen. Zwei Pfund Mehl, einen Kaffeelöffel Zimt, einen Kaffeelöffel Kardamom, einen halben Kaffeelöffel Nelkenpfeffer (Piment) in eine Schüssel geben und mischen. Einen gestrichenen Kaffeelöffel Pottasche in zwei Eßlöffeln Rosenwasser auflösen.

Das abgekühlte Rübenkraut, die aufgelöste Pottasche zum Mehl geben und das Ganze zu einem glatten Teig kneten. Den Teig zwei bis drei Tage kalt stellen.

Nun entweder eine Kastenform mit Speckschwarte einreiben, den Teig zu drei Viertel hineinfüllen, mit Eigelb bestreichen, süße Mandeln darauf verteilen und in gut einer dreiviertel Stunde im heißen Ofen ausbacken.

Oder ein Kuchenblech mit Speckschwarte einreiben, den Teig darauf fingerdick verteilen, mit Eigelb bestreichen, süße Mandeln darauf streuen und in gut zwanzig Minuten im heißen Ofen ausbacken.

Ein bißchen abkühlen lassen und in kleine Stücke schneiden.

(Soester Börde)

STUTENKERL
(Gebäck zu St. Nikolaus)

Fünfzig Gramm Hefe mit ein bißchen handwarmer Milch und einem Eßlöffel Zucker verrühren. Anderthalb Pfund Mehl in eine tiefe Schüssel geben. Mittendrin eine Vertiefung machen und die aufgelöste Hefe hineinfüllen. Ein bißchen Mehl darüberstreuen, mit einem Tuch abdecken, warm stellen und zwanzig Minuten gehen lassen.

Eine Schöpfkelle (einen viertel Liter) Milch mit vier Eßlöffeln Butter, drei

Eßlöffeln Zucker und einem bißchen Salz erwärmen und mit dem Teig verrühren, zuletzt zwei Eier zufügen. Nun den Teig mit einem Holzlöffel so lange schlagen, bis er Blasen wirft und sich gut vom Löffel löst. Noch einmal den Teig zwanzig Minuten gehen lassen. Rosinen abwaschen und abtropfen lassen. Tischplatte mit Mehl bestreuen und den Teig darauf einen halben Finger dick ausrollen. Die Stutenkerle mit einem Messer ausschneiden.

Kuchenblech mit einer Speckschwarte einreiben, ein bißchen Mehl darüberstreuen und die Stutenkerle darauflegen. Rosinen als Augen, Mund und Knöpfe in den Teig drücken und in gut zwanzig Minuten im heißen Ofen ausbacken.

(Westfalen)

HIRSCHBÖCKE, SPEKULATIUS
(Weihnachtsgebäck)

Ein halbes Pfund Butter erwärmen und schaumig schlagen. Ein halbes Pfund Zucker und ein Ei zufügen und alles gut verrühren. Einen halben Kaffeelöffel Zimt, eine Messerspitze Kardamom, eine Messerspitze Nelkenpfeffer, ein bißchen Salz und ein viertel Pfund Mehl darunterrühren.

Ein halbes Pfund Mehl langsam über den Teig streuen und so lange den Teig durchkneten, bis er schön fest und glatt ist. Mit einem Tuch abdecken und über Nacht stehen lassen. Spekulatiusbretter mit Mehl bestreuen, den Teig darüber ausrollen, gut andrücken und den Rest mit einem Messer abstreichen. Das Spekulatiusbrett umdrehen und auf einem dicken Tuch ausschlagen.

Kuchenblech mit Mehl bestreuen, die Spekulatius darauflegen und im heißen Ofen zehn bis fünfzehn Minuten backen.

(Soester Börde)

WEIHNACHTSWECKEN
(Kristweggesken)

Vierzig Gramm Hefe mit drei Eßlöffeln warmer Milch und zwei Eßlöffeln Zucker verrühren. Ein halbes Pfund Weizenmehl in eine tiefe Schüssel geben, in der Mitte eine Vertiefung machen, dahinein die aufgelöste Hefe geben und ein bißchen Mehl von den Seiten darüberstreuen. Den Teig mit einem Tuch abdecken und gut zwanzig Minuten gehen lassen. Drei Eßlöffel Butter mit einem viertel Liter Milch erwärmen und mit einem halben

Pfund Weizenmehl unter den Teig rühren. Den Teig tüchtig kneten und noch einmal zwanzig Minuten gehen lassen. Ein halbes Pfund Korinthen abwaschen und auf einem Durchschlag abtropfen lassen. Die Korinthen unter den Teig kneten. Den Teig zu einer faustdicken Rolle ausrollen und in gut zwanzig Stücke teilen. Aus jedem Stück ein rundes Brötchen formen. Kuchenblech mit einer Speckschwarte einreiben, die Brötchen darauflegen und eine gute Viertelstunde gehen lassen.

Brötchen im heißen Ofen in einer guten Viertelstunde ausbacken. Danach mit heißer Milch oder Butter einreiben.

(Westfalen)

EISERKUCHEN, NEUJAHRSKUCHEN

Ein viertel Pfund Butter, zwei bis drei Eigelb, ein halbes Pfund Zucker schaumig rühren, eine halbe Schöpfkelle (einen achtel Liter) Sahne, etwas ausgekratztes Vanillemark, drei Schöpfkellen Milch zufügen und das Ganze umrühren. Das Eiweiß zu Schnee schlagen und unter den Teig geben. Der Teig muß schön dünn sein, sonst noch etwas Wasser zufügen.

Kucheneisen heiß machen und mit einer Speckschwarte einreiben. Einen Eßlöffel Teig auf das heiße Eisen geben, zuklappen und goldgelb ausbacken. Vom Eisen nehmen und zusammenrollen.

(Westfalen)

WAFFELN

Ein viertel Pfund Butter, zwei Eßlöffel Zucker und drei Eigelb schaumig rühren. Ein halbes Pfund Mehl, eine halbe Schöpfkelle (einen achtel Liter) süße und eine halbe Schöpfkelle saure Sahne nach und nach unter die Butter rühren. Statt Sahne kann auch Milch genommen werden. Das Eiweiß zu Schnee schlagen und ganz langsam unter den Teig geben.

Waffeleisen erhitzen, mit einer Speckschwarte einreiben, Teig mit einem Löffel auf das heiße Eisen geben und ausbacken.

Waffeln auf der Tischplatte abkühlen lassen und mit Zucker bestreuen.

(Westfalen)

SPRITZGEBÄCK

Vier Eßlöffel Butter, vier Eßlöffel Zucker, zwei Eigelb schaumig rühren. Ein halbes Pfund Mehl langsam unterrühren. Ein bißchen Zitronenschale abreiben und unter den Teig geben.

Kuchenblech mit einer Speckschwarte einreiben. Teig in einen Spritzbeutel füllen und in kleinen Streifen auf das Kuchenblech spritzen. Schön goldgelb ausbacken.

(Westfalen)

BUTTERKUCHEN

Vierzig Gramm Hefe mit ein bißchen handwarmer Milch und einem Löffel Zucker verrühren. Ein Pfund Mehl in eine tiefe Schüssel geben. Mittendrin eine Kuhle machen und die aufgelöste Hefe hineingeben. Ein bißchen Mehl darüberstreuen. Mit einem Tuch abdecken und zwanzig Minuten auf dem Herd warm stellen.
Eine Tasse Milch mit vier Eßlöffeln Butter, drei Eßlöffeln Zucker und einem bißchen Salz erwärmen und mit dem Teig verrühren, zuletzt ein Ei dazugeben. Nun den Teig mit einem Holzlöffel so lange schlagen, bis er Blasen wirft und sich gut vom Löffel

löst. Noch einmal den Teig zwanzig Minuten gehen lassen.
Kuchenblech mit Butter bestreichen, den Teig ausrollen und auf das Kuchenblech legen.
Ein viertel Pfund Butter und ein viertel Pfund Zucker mit einer Gabel mischen, durcheinanderkneten, etwas Mehl darüberstreuen und mit bemehlten Händen Streusel machen. Die Streusel auf dem Teig verteilen. Kuchen in einen heißen Backofen schieben und zwanzig bis fünfundzwanzig Minuten backen lassen.

(Westfalen)

APFELKUCHEN
(Appeltate)

Teig wie für Butterkuchen bereiten. Zwei Pfund Äpfel schälen, Kerngehäuse ausschneiden, die Äpfel teilen und in Scheiben schneiden. Kuchenblech mit Butter bestreichen

und etwas Mehl daraufstreuen. Zweidrittel des Teiges auf dem Blech ausrollen und an den Ecken hochdrücken. Apfelscheiben mit zwei Löffeln Zucker und drei Löffeln Rosinen mischen und auf dem Teig verteilen. Zuletzt ein bißchen Zimt darüberstreuen. Das letzte Drittel Teig ausrollen und in lange, fingerbreite Streifen schneiden. Die Streifen längs und quer auf den Teig legen. Kuchenblech in den heißen Backofen schieben und eine halbe Stunde backen lassen.

(Westfalen)

RODONKUCHEN

Anderthalb Pfund Mehl, ein viertel Pfund Butter, fünfzig Gramm mit etwas handwarmer Milch verrührte Hefe, ein halbes Pfund Rosinen, vier bis sechs Eier, drei bis vier Eßlöffel Zucker (oder so viel man möchte) miteinander verrühren. Zum Aufgehen warm stellen.

Rodonkuchenform mit Butter und geriebenem Zwieback ausstreichen, Teig einfüllen und gut anderthalb Stunden im heißen Ofen ausbacken.

(Westfalen)

ZWIEBACK

Der Zwieback hat seinen Namen daher, daß der Teig in zwei verschiedenen Backvorgängen zweimal gebacken wird: einmal im Stück und dann noch einmal in Scheiben. Diese Zubereitung macht das Gebäck besonders haltbar.

Vierzig Gramm Hefe mit etwas lauwarmer Milch und einem Eßlöffel Zucker verrühren. Anderthalb Pfund Mehl in eine tiefe Schüssel schütten, in der Mitte eine Vertiefung machen und die aufgelöste Hefe hineingeben. Etwas Mehl von den Seiten darüberstreuen, mit einem Tuch abdecken, warm stellen und gut zwanzig Minuten gehen lassen.

Eine Schöpfkelle Milch (einen viertel Liter) mit einem viertel Pfund Butter, einem viertel Pfund Zucker und etwas Salz erwärmen, mit dem Teig verrühren und zuletzt zwei Eier zufügen. Nun den Teig mit einem Holzlöffel so lange schlagen, bis er Blasen wirft und sich gut vom Löffel löst. Den Teig eine gute Stunde gehen lassen. Die Tischplatte mit Mehl bestreuen und den

Teig zu faustdicken Rollen kneten. Kuchenblech mit Fett bestreichen, Teigrollen darauflegen und ein bißchen flach zusammendrücken. Noch einmal für kurze Zeit gehen lassen.
Teig mit Eigelb oder Zuckerwasser bestreichen und goldgelb im heißen Ofen ausbacken. Nach dem Abkühlen in Scheiben schneiden, wieder auf das Kuchenblech geben und im heißen Ofen kroß durchbacken.

(Westfalen)

HEFE
(Gest)

Zwei mittlere gekochte Kartoffeln fein reiben und mit einem Kaffeelöffel Zucker und einem Eßlöffel Bier zu einem dicken Brei rühren.
Einige Tage gären lassen.

Hinweis: Diese Hefemenge ist ausreichend für zwei Pfund Mehl.

(Soester Börde)

„*Witt goit et in'n Stall,*
un briun kuemet et wuier riut?
Dat Bräot im Backoewen."

VOM BROTBACKEN

*D*ie Backöfen auf den Bauernhöfen waren aus Lehm und Backsteinen aufge-
mauert. Sie waren an eine Hauswand mit Abdach angebaut oder befanden
sich in einem gesonderten Fachwerkhaus, dem sogenannten „Backs". Das war
ein Häuschen in der Größe von 5 mal 8 Metern. Im Keller dieses „Backs" befand
sich meistens neben dem Backofen noch der „Bäggepott", der Viehtopf zum
Kochen des Viehfutters. Das Erdgeschoß diente allen möglichen Zwecken.
Es war Abstellraum für Geräte der Flachs- und Wollverarbeitung, für Obst-
pressen, Trockenhürden für Obst und so weiter, oder es war auch nur Trockenraum. Dort befand sich auch wohl die hauseigene Brenn- oder Brauanlage.
Auf dem Dachboden des „Backs" wurde das Anmachholz für den Backofen,
gebündeltes Reisig, die sogenannten „Bäckerbünne" (Bäckerbunde), unter-
gebracht, während das eigentliche Heizholz für den Backofen, die „Spellern"
oder „Backspellern", längs- oder kopfseits des „Backs" gestapelt wurden.
Der Backofen bestand aus drei Teilen:
1. der Ofenplatte als rechteckige Unterlage aus mit Lehm verfugten Backsteinen (Ziegeln) auf einer dicken, gestampften Lehmschicht,
2. dem kuppelartigen Aufbau, ebenfalls aus mit Lehm verfugten Backsteinen,
   welcher zusätzlich noch dick mit Lehm bestrichen war,
3. dem Ofenloch (Miule) mit Ofenblech (Stölpe) oder schon mit einer
   eisernen Ofentür.

Neben dem Backofen lag ein Haufen Ersatzbacksteine, da es immer wieder
passierte, daß ein Stück der Kuppel ein- oder ausbrach und erneuert werden
mußte.
Das Anheizen des Backofens war nicht ganz problemlos, denn es war von der
Witterung abhängig. Bei Frostwetter und klarer Luft brannte das Feuer sehr
schnell und lichterloh, denn der Rauch konnte gut abziehen. War aber Regen-
wetter oder herrschte dicker Nebel, so fehlte der notwendige Zug für das Feuer,
das Holz brannte sehr schlecht an, und es gab dazu noch eine starke Rauch-
entwicklung. Daher war das „Anhaiten moißentuit ne Abet föer Mannsluie"
(Anheizen meist eine Arbeit für Männer).
Zum Anheizen wurden ein paar Bäckerbünne mit etwas Stroh angezündet und
nach und nach die Backspellern kreuzweise über der Glut nachgelegt. Außer Na-
delhölzern wurden alle Laubhölzer zum Heizen des Backofens verwandt. Vom

Heizen mit Weidenholz wurde sogar behauptet, daß es besonders weiche Brot-
krusten ergäbe, selbst dann noch, wenn die übliche Backzeit schon weit über-
schritten war. Die notwendige Backhitze des Backofens war vorhanden, wenn
sich die Innenwände des Backofens weiß färbten. Nach dem Anheizen wurden
die Innenwände zunächst schwarz, dann färbten sie sich allmählich rot, um zum
Schluß in weiße Farbe überzugehen. Sobald die weiße Farbe den ganzen Innen-
raum bedeckte, wurde ein Reiserbesen ("Ruiserbesm") in Wasser getaucht und
damit die Feuerreste (Holzkohle) aus dem Ofen gekehrt. Die Holzkohle wurde in
einen Eimer gekehrt, um später im Herd weiter verbrannt zu werden. Nach dem
Auskehren der Holzkohle wurde um den Reiserbesen ein Stück Sackleinen ge-
wunden, dieser in Wasser getaucht und damit die letzten Reste von der Ofenplatte gewischt. Das Ofenloch wurde noch so lange offengehalten, bis man die
ausgestreckte Hand einige Minuten vor das Ofenloch halten konnte. In manchen
Gegenden nahm man einen Strohhalm, der erst nach einer bestimmten Zeit ver-
sengen durfte, oder man betete ein "Vater unser". Mit der "Stölpe" (einer gerän-
delten Blechplatte mit Handgriff) wurde nun das Ofenloch verschlossen.
Gebacken wurde etwa alle vierzehn Tage. Zum Backen wurde stets frisch gebeu-
teltes Mehl (Builemeäl) genommen, d.h. ein paar Tage vor dem Backen wurde
das Backgetreide zur Mühle gebracht. Ein Zentner Getreide ergab ungefähr
siebzig Pfund Mehl, mal mehr, mal weniger, je nachdem, wie rein der Müller es
"iutbuilt" (ausgebeutelt) hatte. Aussprüche wie: "Dao het hai wuier dat Moiste in
de Kliggen hangan laoten!" (Da hat er wieder das meiste in der Kleie hängen!)
waren an einer Mühle häufig zu hören. Die Kleie war kein Abfallprodukt,
sondern ein wertvoller Viehfutterzusatz. Gewöhnlich wurde zum Backen
Roggenmehl verwendet. Sollte allerdings das Brot heller werden, so mußte Weizenmehl hinzugenommen werden. In den 30er Jahren war das Mischungsver-
hältnis meist 2/3 Roggenmehl zu 1/3 Weizenmehl. Dazu kamen dann noch die
Hefe und der Sauerteig. Die Hefe kaufte man in der Stadt, und der Sauerteig wurde einige Tage vor dem Backen mit Mehl, Milch, Restteig vom letzten Backen und
lauwarmem Wasser zum "siuern" angesetzt.
Am Vorabend des Backtages wurde der Backtrog vom Backs geholt und auf zwei
Stühle in die Nähe des Herdes gestellt. Hier war es warm, und gleichmäßige Wärme war zur Teigbereitung notwendig. Zum Säuern wurde etwa die Hälfte des zu
verwendenden Mehls (etwa 50 Pfund) in den Backtrog geschüttet und mit dem
Sauerteig gut durchgemischt. Dann wurde der Trog mit einem Leinenlaken und,
bei ganz Vorsichtigen, noch zusätzlich zur Warmhaltung des Teiges mit einer
Wolldecke zugedeckt. Fenster und Türen wurden ganz besonders sorgfältig ge-
schlossen gehalten, um möglichst jegliche Zugluft zu vermeiden. Bei Kindern im

Hause war das gar nicht so einfach, und oft genug bekamen sie zu hören: „Blagen, laotet dat Pöerten suin, dai Doich verschrecket süss!" (Kinder, laßt das Öffnen und Schließen der Türen sein, der Teig erschrickt sich sonst!)

Der Sauerteig wurde selbst zubereitet. Grundlage bildete das sogenannte „Schräpsel". Nach jeder Teigbereitung wurde der Backtrog nicht ausgewaschen, sondern mit einem Schaber gut ausgekratzt. Dieses Ausgekratzte (Schräpsel) wurde in einen Steintopf gegeben und mit Milch und Wasser angeteigt. Anschließend wurde dieser Steintopf mit Inhalt auf einem Bord oberhalb des Herdes bis zum nächsten Backen aufbewahrt. Einige Tage vor dem nächsten Backen wurden dem gesäuerten Teig noch Mehl und Milch, mitunter auch noch etwas Hefe zugegeben.

Am nächsten Morgen nach dem Frühstück wurde der große Küchentisch in die Nähe des Backtroges geschoben. Die Verarbeitung des Teiges erfolgte meistens durch zwei Frauen. Während die eine den Tisch mit Mehl bestreute, hatte die andere den Teig im Backtrog in zwei oder drei Teile geteilt. Jedes Teil wurde zu einer Rolle geformt und dann auf den bemehlten Tisch gelegt und geknetet. Geknetet, geknetet und immer wieder frisches Mehl mit eingeknetet, bis der Teig nicht zu steif, aber auch nicht zu weich war. Mit einem großen Messer wurde der Teig dann in so viele Stücke geschnitten, wie man Brote haben wollte. Doch damit waren die Brote noch nicht fertig. Jetzt wurde jedes Brot Stück für Stück nochmals geknetet, bis der Teig keine Falten mehr zeigte. Danach wurden sie auf die bemehlten Backbretter (etwa 2 m lang und 0,5 m breit) gelegt. Zum Schluß erhielten die Brote mit einem Messer noch einen etwa 0,5 cm tiefen Längsschnitt und wurden mit lauwarmem Wasser, dem etwas Öl zugesetzt war, oder aber mit Milch eingepinselt. Anschließend wurden sie zum Backofen gebracht.

Hier wurde ganz kurz noch einmal die notwendige Hitze überprüft und die Brote dann auf einem Brett an einem etwa 2 m langen Stiel einzeln nach und nach „inschoeten". Dicht an dicht wurden sie in den Backofen geschoben, zum Schluß das Ofenloch mit der Stölpe verschlossen.

Ungefähr zwei Stunden mußten die Brote nun backen. Waren sie nach zwei Stunden noch zu hell, so verblieben sie meistens noch eine weitere Viertelstunde im Backofen. Nach dem „Iuttrecken" wurden die Brote wieder auf die Backbretter gelegt und zum Abkühlen auf das „Backs" gebracht. Aufbewahrt wurden die Brote im Keller oder „op de Büene" (in der Vorratskammer).

Die Restwärme des Backofens wurde zum Backen von Plattenkuchen oder im Herbst zum Trocknen von Obst ausgenutzt.

„Charlotte Kompotte Naschmajor
hat 'nen Bart bis an das Ohr,
leckt die Schüsseln und die Teller,
nascht in Küche und in Keller –
holt ein Schloß vom Schlosser Paul!
Für wen denn?
Für's Leckermaul."

(Victor Blüthgen)

BROTAUFSTRICH AUS OBST

PFLAUMENKRAUT, PFLAUMENMUS

Zehn Pfund Pflaumen waschen, abtropfen lassen, durchteilen und entsteinen. In eine tiefe Schüssel geben und zwei Pfund Zucker darüberstreuen (man kann auch noch einen viertel Liter Weinessig darübergießen). Alles einen Tag ziehen lassen.
Pflaumen in einen großen Topf füllen. Ganz langsam erhitzen. Wenn die Pflaumen anfangen zu kochen, den Topf etwas zur Seite schieben und drei bis dreieinhalb Stunden langsam kochen lassen. Die letzte halbe Stunde das Pflaumenkraut langsam umrühren.
Steintöpfe oder Gläser heiß ausspülen und das Pflaumenkraut heiß einfüllen. Mit Pergamentpapier abdecken und zubinden.

(Westfalen)

GELEE VON ROTEN JOHANNISBEEREN
(Schaloi van räoen Kasperten – Gehannisdriuwen)

Rote Johannisbeeren waschen und die Stengel abstreifen. Sechs Pfund rote Johannisbeeren mit einem halben Liter Wasser fünf Minuten kochen, in ein Leinentuch füllen und auspressen. Auf einen Liter Saft zwei Pfund Zucker zufügen. Den Saft heiß werden lassen, aber nicht kochen! Das Gelee ist gut, wenn ein Kaffeelöffel Gelee auf einer Untertasse steif wird. Das Gelee heiß in Gläser füllen, mit Pergamentpapier abdecken und zubinden.

(Westfalen)

RÜBENKRAUT
(Kriut)

Zuckerrüben gründlich reinigen, Blattansätze ausschneiden und Rüben in faustgroße Stücke schneiden. Zuckerrübenstücke in einen Topf geben, mit Wasser aufgießen und gar kochen. Auspressen. (Der Preßkuchen wurde an das Vieh verfüttert.)
Den Zuckerrübensaft so lange einkochen, bis er nicht mehr vom Löffel läuft. Rübenkraut in Steintöpfe füllen.

Variation: Man kann den Zuckerrüben auch Birnen beigeben (einen Eimer Birnen auf drei Eimer Zuckerrüben).

(Westfalen)

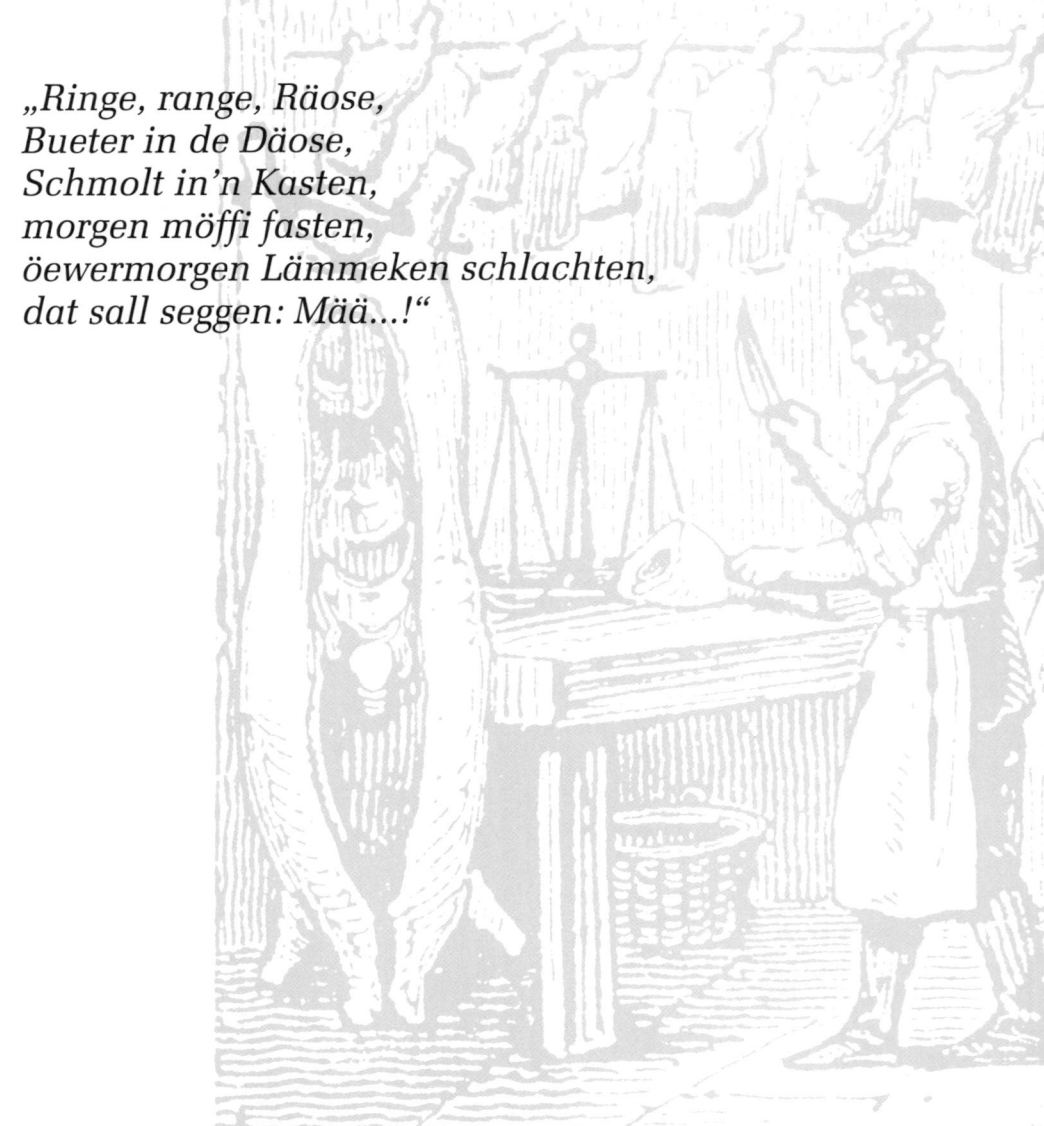

„Ringe, range, Räose,
Bueter in de Däose,
Schmolt in'n Kasten,
morgen möffi fasten,
öewermorgen Lämmeken schlachten,
dat sall seggen: Mää...!"

DIE HAUSSCHLACHTUNG

Was wiegt das Schlachtschwein? Beim „Wiegen ohne Waage" wurde mit einem Maßband hinter den Vorderfüßen zunächst der Bauchumfang des Schweines gemessen und dann mit Hilfe folgender Zahlen das Gewicht errechnet:

100 cm   =   150 Pfund
jeder weitere cm   =   5 Pfund

Beispiel: Bauchumfang = 128 cm

Gewicht des Schweines:	*100 cm*	*=*	*150 Pfund*
	28 cm (x 5)	*=*	*140 Pfund*
		=	*290 Pfund*

Alternative:
Ein Vorderfuß wurde nach dem Schlachten gewogen und das Gewicht mit 100 multipliziert.

Beispiel: Gewicht des Vorderfußens = 2 3/4 Pfund

Gewicht des Schweines: *2 3/4 Pfund x 100*
                                      = 275 Pfund

*I*m ersten Drittel unseres Jahrhunderts wurde auf dem Land noch in jedem Haushalt, in den Städten noch in vielen Haushaltungen geschlachtet.

Man fütterte die Schweine mit Futterrüben, Kartoffeln und Gerstenmehl. Die Futterrüben wurden dafür mit einem Messer grob zerkleinert und mit Kartoffeln und eventuell Gemüseabfällen im Futtertopf von 75 bis 100 Liter Inhalt, dem sogenannten „Bäggepott", gekocht. Danach wurde der Inhalt des „Bäggepottes" mit dem Futterstampfer oder mit der Futterquetsche zerkleinert und in das Futterfaß gefüllt. Die Futterquetsche war ein rechteckiger, trichterförmiger und unten offener Holzaufsatz, in dem sich unten eine runde, mit handlangen Eisenstäben dicht besetzte, frei bewegliche Eisenstange mit einer Handkurbel befand. Zum Zerkleinern der gekochten Rüben wurde sie auf das Futterfaß gestellt, und die Rüben wurden mit Hilfe einer „Fülle", einer etwa zweieinhalb Liter fassenden, eisernen Schöpfkelle, in die Quetsche gefüllt und durchgedreht.

In das Futterfaß wurde auch der sogenannte „Drankemmer" entleert. Der „Drankemmer" hatte seinen Platz unter oder neben dem Spülbecken („Spailstoin"). In den „Drankemmer" kamen alle Speisereste. Außerdem wurde vor dem Spülen das Eßgeschirr mit allen Fett- und Speiseresten mit heißem Wasser aus dem Kaffeekessel in den „Drankemmer" abgespült.

Das Futter wurde mit der „Fülle" in den Futtereimer gefüllt und mit ein bis zwei Händen voll Gerstenmehl verrührt. Die jungen Schweine erhielten nach dem Säugen allerdings zunächst nur Magermilch mit etwas Gerstenmehl. Während der Sommermonate wurden noch zerkleinertes Gras, Klee, Brennesseln und später, wenn man hatte, auch Eicheln zugefüttert. Wenn die Eicheln gefüttert wurden, hieß es wohl: „Fui maitet bolle schlachten, et weärt wane lecht op de Büene!" (Wir müssen bald schlachten, es wird sehr licht auf der Fleischbühne [Fleischkammer]!) Mit dem ersten Frost kam nicht nur die Grünkohlzeit, sondern auch die Schlachtzeit, die Zeit der Hausschlachtungen. Bis in die 30er Jahre, vereinzelt auch später noch, wurden die Hausschlachtungen nicht auf den Schlachthöfen, sondern auf dem Hof vor dem Stall durch die damaligen Hausschlachter, kurz „Schlächter" genannt, durchgeführt. Im Hauptberuf waren sie meist Maurer und gingen im Winter als Hausschlachter, womit sie sich ein kleines Zubrot verdienten. So sprach der Volksmund auch scherzhaft von „Muierklitsenwoerst" (Muierman = Maurer, Muierklitse = Scherzwort für Maurer). Auch aus den Berufen der Landarbeiter und Tagelöhner kamen Schlächter. Hier und da schlachtete auch der eine oder andere Bauer sein Vieh selbst. Aber so zahlreich, wie man nun annehmen könnte, waren die Schlächter nicht vertreten. In den Dörfern vielleicht zwei bis drei (je nach Größe der Ortschaft), in den Städten verhielt es sich ähnlich. Aus diesem Grunde war es ratsam, mit seinem Schlächter recht bald einen Schlachttermin zu vereinbaren. Meistens geschah dieses acht bis zehn Tage vorher. War der Schlachttermin festgelegt, begannen die Vorbereitungen.

Die Deele und die Waschküche wurden gründlich sauber gemacht. Die Schlacht-leiter (eine achtsprossige Holzleiter) zum Aufhängen des geschlachteten Schwei-nes, die Mollen (aus Pappel- oder Lindenholz gefertigte etwa 1,20 m lange Holz-wannen), das Kruemel (ein leicht gebogenes Stück Eichenholz von etwa 1,20 m Länge mit abgekerbten Kanten an den Enden), mit dem das geschlachtete Schwein mit seinen Hinterläufen aufgehängt wurde, und das „Piekelfat" (Pökel-faß), ein ovales Eichenfaß mit Deckel, wurden hervorgeholt und tüchtig mit heißem Sodawasser gescheuert, geschrubbt und mit viel kaltem Wasser nach-gespült. Neben dem „Bäggepott", der zunächst als Kochtopf für Brühwasser und später als Kochtopf für Fleisch und Würste diente, wurde ein großer Haufen Holzscheite auf Vorrat gestapelt. Von der „Floiskbüene" (Fleischkam-mer), welche zwischendurch auch noch gesäubert wurde, wurden Fleisch-maschine, Gewürzmühle (meistens eine ehemalige Kaffeemühle), die Reste an „Druem" (Wursteband), Papierdärmen und die eventuell schon getrockneten, selbstgezogenen Gewürze wie Majoran und Thymian geholt und der große Einkaufszettel geschrieben. Man hatte zwar das eine oder andere im Haus, doch mußte etliches hinzugekauft werden: Salz, Salpeter, Pfefferkörner und, je nach Wunsch und Geschmack, Piment, Nelkenpfeffer, Senfkörner, Kümmel, Lorbeer-blätter, aber auch Wursteband und Papierdärme. Oft wurde noch Rindfleisch hinzugekauft, weil es bei dem einen oder anderen zur Gewohnheit geworden war, der Mettwurst, dem Schwartemagen und der Sülze Rindfleisch beizufügen.

Am Vortag wurden ein großer Topf Zwiebeln geschält, Suppengemüse (Porree, Möhren, Sellerie) vorbereitet, Einkochgläser, Schüsseln, Teller, Töpfe, Schöpf-kellen, Wursthörner und Wurstmaschine gespült. Man benötigte also viele Hände. Waren nicht genügend Helfer zum Schlachten in der eigenen Familie vor-handen, so halfen gerne Nachbarn, Anverwandte und Bekannte.

Am Vorabend wurde noch einmal überprüft, ob auch nichts fehlte. Die Wurst-bänder und Papierdärme wurden auf gewünschte Länge geschnitten und an einem Ende schon zugebunden, die „Wurstepinne" zugeschnitten und getrock-net. Hierfür wurden die streichholzdicken Ästchen vom Schlehen- oder Weiß-dornbusch entrindet, auf 4–5 cm Länge geschnitten und an den Enden ange-spitzt. Sie dienten als zusätzlicher Verschluß der Wurstenden. Vor dem Füllen wurden die Därme am unteren Ende umgebogen und die Wurstepinne mit mehr-maligem Durchstechen durch die Darmhaut geschoben. Dann drückte man das Darmende auf dem Wurstepinn zusammen, band das Darmende mit dem Wurstband über dem Wurstepinn einmal zusammen und verknotete das Wurstband über den Enden des Wurstepinns. Hierdurch wurde ein Aufgleiten des Wurstbandes vermieden: ein dauerhafter und fester Verschluß.

Das zum Schlachten vorgesehene Schwein bekam an den letzten Tagen nur noch Magermilch mit etwas Gerstenmehl. In den letzten zwanzig Stunden erhielt es überhaupt kein Futter mehr. Dadurch wurde der Darm schon „innerlich" vorgereinigt.

Am Morgen des Schlachttages stand man früh auf. Wenn der Schlächter eintraf, mußte das „Bröggewater" (Brühwasser) bereits kochend bereitstehen. Der Schlächter war von weitem erkennbar an seiner weißen, dunkel gestreiften, mit zwei Reihen schwarzer Knöpfe besetzten Schlächterjacke, der vor den Füßen umgeschlagenen weißen Schlachterschürze, dem großen Lederköcher mit verschiedenen Messern und dem „Schrapphörn" (Borstenkratzer) am „Schmachtraimen" (Leibriemen aus Leder), den wadenhohen Stiefeln und einer flachen, ledernen Schirmmütze. Vor sich her schob er den „Bröggetroech" (Holztrog zum Abbrühen des Schweines) auf zwei niedrigen Rädern. Im Bröggetroech befanden sich auch die weiteren Utensilien: ein großer, eisenberingter Holzhammer, der „Döern" (Schlachtdorn), ein Hackmesser und die Fleischsäge. Bei dem Döern handelte es sich um den Vorläufer der späteren Bolzenschußapparate. Ein etwa 1 1/2 cm dicker, frei beweglicher Stahlbolzen in einem etwa 10 bis 15 cm langen und etwa 4 cm dicken Eisenrohr, welches an einem etwa 30 bis 40 cm langen Rohr mit Handgriff befestigt war. Der Stahlbolzen war ein paar Zentimeter länger als das Rohr, in dem er sich befand.

Am rechten Vorder- und Hinterbein mit einem Strick gefesselt, wurde das Schwein aus dem Stall geholt. Dabei quiekte das Schwein so laut, daß man schon von weitem hören konnte, wo gerade im Ort geschlachtet wurde. Das Schwein wurde von einem Mann gehalten, mitunter auch noch zusätzlich an irgendeinem Gegenstand festgebunden. Eine zweite Person hielt dann den Döern auf die Stirnfläche des Schweines, und zwar im Schnittpunkt der beiden gedachten Linien: linkes Auge – rechtes Ohr, rechtes Auge – linkes Ohr. Dann nahm der Schlächter den schweren Holzhammer, und mit einem kräftigen Schlag auf den Döern durchdrang der Bolzen die Stirnplatte des Schweines, das wie vom Blitz getroffen sofort zu Boden fiel. Das Schwein wurde dann auf die rechte Seite gewälzt. Mit dem Messer kratzte der Schlächter noch ein paar Borsten weg, und mit einem kräftigen Stich mit einem langen, spitzen Messer in das Herz wurde auch gleichzeitig die Hauptschlagader durchtrennt. Schnell wurde die Pfanne (meistens wurde die „Dümpetiufelnpanne" mit zwei Handgriffen genommen, weil sie breit, aber nicht sehr hoch ist) unter das Einstichloch geschoben, in welche, sowie der Schlächter das Messer zurückzog, das Blut floß. Sobald die Pfanne gefüllt war, wurde sie in einen Eimer entleert. Dafür verschloß der Schlächter das Einstichloch mit einem Holzpfropfen. Dieses geschah einige Male. Damit das Blut nicht gerann, mußte es in der Pfanne bis zum Erkalten kräftig mit einem Schneebesen geschlagen werden. Wenn kein Blut mehr abfloß, wurde das Einstichloch mit dem Holzpfropfen verschlossen.

Das „Bröggefat" wurde herangezogen und das Schwein hineingewälzt. So einfach, wie sich das anhört, war es aber nicht. Man stellte das Bröggefat hochkant längs des Schweins. Durch Niederdrücken des Troges und gleichzeitiges Anheben des Schweines rollte dieses förmlich in den Trog. Das Bröggewater (Brühwasser) wurde dem Schlächter in einem alten Kaffeekessel (Wasserkessel), der immer wieder nachgefüllt wurde, zugereicht. Es durfte nicht zu heiß, aber auch nicht zu kalt sein. War das Brühwasser zu heiß, so „peäket de Böerseln sik faste" (klebten die Borsten fest), war es zu kalt, so lösten sie sich nicht. Das Brühwasser wurde langsam auf die Schweinehaut gegossen und die Borsten dann mit dem „Schrapphörn" (Kratzhorn) sofort abgeschabt. War eine Seite fertiggeschabt, so wurde das Schwein im Trog gewendet und die andere Seite geschabt. Zum Schluß wurden die Zehen in heißes Wasser getaucht, etwas aufgeweicht und mit einem Haken am Schrapphörn abgezogen. Die Borsten kamen auf den „Mistfall" (Dunggrube), oder der Schlächter nahm sie mit nach Hause. Einige letzte Borsten wurden mit einem scharfen Messer entfernt. Mit einem Schnitt an der Rückseite der Hinterbeine legte dann der Schlächter die Sehnen frei. Die Sehnen wurden soweit vorgezogen, daß man jeweils die Endstücke des „Kruemel" (Krummholz) durchschieben konnte und die Sehnen fest hinter der Holzkerbung lagen. Mit vereinten Kräften wurde dann das Schwein auf die Leiter gezogen und das Kruemel mit ein paar Stricken in Höhe der oberen Sprosse der Leiter befestigt. Rechts und links des Schweines wurden ein paar Hölzer gelegt, damit das Schwein beim Aufrichten der Leiter nicht zur Seite rutschen konnte. Nach dem Aufhängen des Schweines wurde es nochmals nach restlichen Borsten abgesucht und mit einigen Eimern heißem und kaltem Wasser kräftig abgespült. Von oben nach unten wurde das Schwein dann aufgeschnitten, Magen, Leber, Därme entnommen und in bereitgehaltene „Mollen" gelegt. Wegen der Gallenblase wurde die Leber ganz besonders vorsichtig entnommen und in eine gesonderte Schüssel gegeben. Nach dem Durchtrennen des Brustbeines mit einem Hackmesser oder Beil wurden Herz, Lunge, Luftröhre und Zunge entnommen und ebenfalls in besondere Gefäße gelegt. Dann wurde der Stopfen aus dem Einstichloch gezogen und das angesammelte Blut in einer Kanne aufgefangen, Kopf und Hals wurden damals der Länge nach aufgeschnitten, das Kreuzbein und die

Rippenknochen längs der Wirbelsäule durchtennt und der Rückenspeck an diesen Stellen eingeschnitten, so daß das Schwein nun flach auf der Leiter hing. Zum Schluß wurden noch die Flomen rechts und links zur Seite geklappt, die Nieren herausgeschnitten, eingeschnitten und zu Herz und Lunge gegeben. Der Schlächter spülte das geöffnete Schwein noch mit ein paar Eimern Wasser ab, und damit war seine Tätigkeit vorerst beendet. Nach dem Reinigen seiner Messer und Geräte und einer Stärkung mit ein paar Klaren begab er sich mit seinem Trog wieder heimwärts.

Nach einem kräftigenden Frühstück ging dann die Schlachtarbeit mit dem Reinigen der Därme weiter. Hierbei wurden die Därme zunächst abgestreift, danach umgestülpt unter fließendem Wasser gespült und die daran befindliche Schleimhaut durch Abschrappen entfernt. Dabei mußte sehr vorsichtig gearbeitet werden, damit der Darm nicht beschädigt wurde. Zur Prüfung auf Beschädigungen wurde der Darm mit einem Federkiel aufgeblasen. Der Dickdarm wurde tüchtig mit Salz abgerieben, mit warmem Wasser so lange gespült, bis auch die letzten Schleimhautreste entfernt waren. Vom Magen zog man die gesamte Innenhaut. Die gereinigten Därme und der Magen kamen dann in frisches Wasser, dem einige Zwiebeln, Porreestücke, Sellerie- oder auch Salbei- oder Grünkohlblätter beigegeben waren. Ganz Vorsichtige und Überempfindliche gaben noch ein paar aufgelöste Kristalle übermangansaures Kalium hinzu. Die Blase wurde bereits beim Aufschneiden des Schweines entleert. Sie wurde nun mehrere Male gespült, aufgeblasen, zugebunden und über dem Herd getrocknet. Nach dem Trocknen wurde sie in heißem Wasser aufgeweicht, aufgeschnitten, drei- bis viermal längs geteilt und zu Wurstdärmen zusammengenäht.

Nach dem Mittagessen holte sich die Hausfrau die Flomen ins Haus. Die Flomen wurden nun enthäutet, durch die grobe Scheibe der Fleischmaschine gedreht, in einen großen Eisentopf gefüllt, auf das Herdfeuer gestellt und ausgelassen. Damit die Schraumen (Grieben) gleichmäßig braun wurden, mußte gerührt werden. Zum Rühren benutzte man einen großen, flachen Holzlöffel. Sobald die Schraumen an der Oberfläche schwammen, war das Schmalz gut. Die Schraumen wurden nun mit dem „Schuimerschlaif" (Schaumlöffel) abgehoben und das Schmalz zum Abkühlen vom Herdfeuer genommen. Hier und da wurde jetzt ein Apfel oder auch mehrere in das heiße Fett getaucht und gegart. Diese „Schmoltappel" waren eine leckere Beigabe des Schlachtens. Inzwischen waren auf dem hinteren Teil der Herdplatte die „Schmoltpötte" (Schmalztöpfe aus Steingut) vorgewärmt, und nachdem das Schmalz nach etwa einer Stunde abgekühlt war, wurde es noch flüssig in die vorgewärmten Steintöpfe gefüllt.

Am Nachmittag kam der Trichinenbeschauer („Finnenkuiker"). Diese Tätigkeit wurde auf dem Land nebenberuflich durch Schneider und Schuster ausgeübt. Unter einem Mikroskop wurde das Fleisch untersucht. Hierzu wurden feine Fleischfetzen zwischen zwei Glasscheiben gelegt und unter das Mikroskop geschoben. Anschließend betrachtete und untersuchte er noch Lunge, Milz und Leber. Gab es nichts zu beanstanden, wurde eine „amtliche" Bescheinigung ausgestellt und auf die Schinken des Schweines der Stempel „Trichinenfrei" gedrückt.

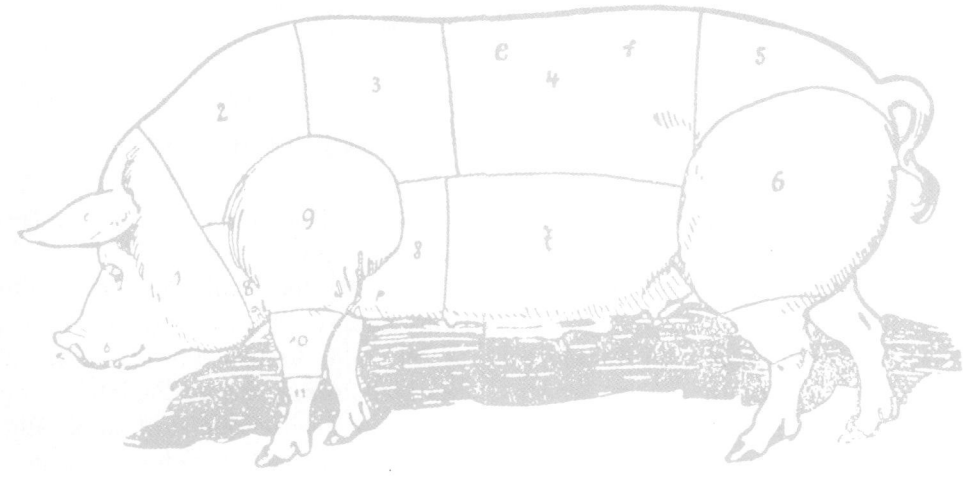

Schmalz

Die Haut von den Flomen abziehen. Flomen mit warmem Wasser abspülen und gut trockenreiben, durch die große Scheibe des Fleischwolfes drehen oder in kleine Stücke schneiden. In einem großen Topf auf den heißen Herd stellen und auslassen. Das dauert eine gute halbe Stunde. Aufpassen, daß die Grieben nicht zu kroß werden.

Auf zwei Pfund Flomen einen Kaffeelöffel Salz geben. Grieben mit einem Schaumlöffel aus dem Schmalz nehmen.

Nach einer Stunde das Schmalz in Steintöpfe füllen. Am nächsten Tag mit Pergamentpapier abdecken und zubinden.

Schmalz mit Äpfeln und Zwiebeln

Von zwei Pfund Flomen die Haut abziehen. Flomen mit warmem Wasser abspülen und gut trockenreiben, durch die große Scheibe des Fleischwolfes drehen oder in kleine Stücke schneiden. In einem großen Topf auf den Herd stellen und auslassen. Das dauert eine gute halbe Stunde. Aufpassen, daß die Grieben nicht zu kroß werden.

In der Zwischenzeit vier Zwiebeln (ein halbes Pfund) abpellen, zwei Äpfel (ein halbes Pfund) schälen, Kerngehäuse entfernen. Zwiebeln und Äpfel kleinschneiden und ganz langsam in das heiße Schmalz geben.

Wenn die Äpfel und Zwiebeln anfangen, gelb zu werden, den Topf vom Feuer nehmen und einen Kaffeelöffel Salz, einen halben Kaffeelöffel weißen Pfeffer und einen Kaffeelöffel Majoran zum Schmalz geben. Umrühren.

Nach einer halben Stunde das Schmalz in Steintöpfe füllen. Am Tag darauf mit Pergamentpapier abdecken und zubinden.

(Westfalen)

ZWIEBELSCHMALZ

Zwiebeln abpellen und in Scheiben schneiden. Zwiebelscheiben in das heiße Schmalz geben und alles weiter erhitzen. Wenn die Zwiebelscheiben anfangen, braun zu werden, diese aus dem Schmalz nehmen.
Zwiebelschmalz in eine Schüssel oder einen Steintopf füllen und abkühlen lassen.

Hinweis: Zwiebelschmalz nehmen wir in die Leberwurst, Mettwurst, Kohlwurst oder Knackwurst, aber auch statt Butter oder Schmalz auf frisches Schwarzbrot oder zum Mett- oder Schinken-Butterbrot.

(Kurkölnisches Sauerland,
Soester Börde)

„Lütke, lütke Fastnacht,
iek hewwe hort,
ui hewwet schlacht't,
hewwet säo viele Wörste maket;
giewet mui oine,
giewet mui oine,
aower nit säo'ne ganße klaine!"

Wurst und Ähnliches

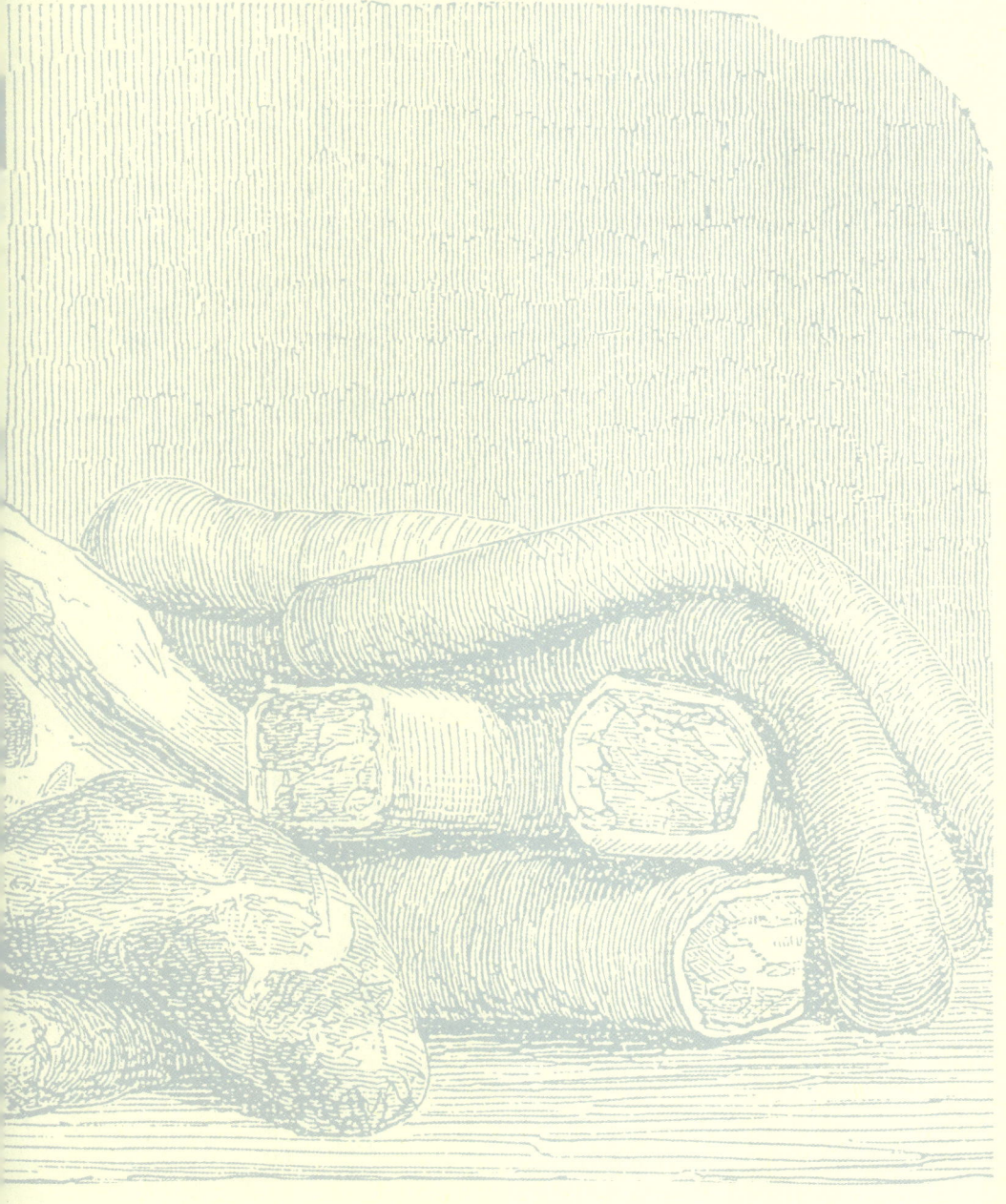

UNGEFÄHRER GEWÜRZBEDARF FÜR JEWEILS

EIN PFUND WURSTMASSE

Leberwurst
Salz   15 – 20 Gramm
Pfeffer   1 – 1,5 Gramm
Majoran 0,5 – 1   Gramm
Thymian   0,5 Gramm

Blutwurst
Salz   15 – 20 Gramm
Pfeffer   1 – 1,5 Gramm
Majoran 0,5 – 1   Gramm
Thymian   0,5 Gramm

Mettwurst
Salz   10 – 15 Gramm
Pfeffer   1   Gramm
Salpeter   0,5 Gramm

Kohlwurst
Salz   10 – 15 Gramm
Pfeffer   1   Gramm
Zwiebel   50 Gramm

Schwartemagen
Salz   15 – 20 Gramm
Pfeffer   1 – 1,5 Gramm
Kümmel 0,5 – 1   Gramm
Zwiebel   50 Gramm

Sülze
Salz   15 – 20 Gramm
Pfeffer   1 – 1,5 Gramm
Kümmel 0,5 – 1   Gramm

LEBERWURST

Vier Pfund Leber abbrühen. Zehn Pfund gekochtes Fleisch (Kopf, Bauch) und anderthalb Pfund gekochte Schwarten einmal durch die grobe und einmal durch die feine Scheibe des Fleischwolfes drehen. Wer will, der kann auch statt Schwarten klein-geschnittene frische Speckstückchen nehmen (etwa ein halbes Pfund). Zwei Tassen Salz, vier Kaffeelöffel Pfeffer, drei Kaffeelöffel Majoran, drei Kaf-feelöffel Thymian, einen Kaffeelöf-fel Nelkenpfeffer zufügen und mit Wurstebrühe zu einem geschmeidigen Teig verkneten.

Wurstdärme zu drei Viertel mit Wurst-teig füllen und zubinden. Leberwürste auf Stöcke in einen Kessel hängen und eine halbe bis dreiviertel Stunde bei achtzig bis fünfundachtzig Grad Wärme garen. Zwischendurch die Würste mit einer Stopfnadel anste-chen.

Hinweis: Man kann den Leberwurst-teig auch in Gläser füllen (dreiviertel-voll) und zukochen.

(Westfalen)

LEBERWURST MIT MEHL

Zum Leberwursteig Wurstebrühe ge-ben und so viel Weizenmehl ein-rühren, bis der Teig schön geschmei-dig ist. Mit Salz, Pfeffer und Majoran abschmecken.

Papierdärme zu drei Viertel mit Wurst-teig füllen, zubinden und kochen.

(Kurkölnisches Sauerland, Soester Börde)

BLUTWURST

Zehn Pfund gekochtes Fleisch (Kopf, Bauch) und zwei Pfund gekochte Schwarten (oder anderthalb Pfund durchgedrehte Schwarten und ein hal-bes Pfund kleingeschnittene Speck-stückchen) einmal durch die grobe und einmal durch die feine Scheibe des Fleischwolfes drehen. Zwei Tas-

sen Salz, vier Kaffeelöffel Pfeffer, drei Kaffeelöffel Majoran, drei Kaffeelöffel Thymian und einen Kaffeelöffel Nel-kenpfeffer zufügen, durchkneten und so viel Blut einrühren, bis das Blut im Teig gut durchgezogen und der Teig schön geschmeidig ist. Wurstdärme zu drei Viertel mit Wurstteig füllen und zubinden. Blutwürste auf Stöcke in einen Kessel hängen und gut eine halbe bis dreiviertel Stunde bei fünfundachtzig bis neunzig Grad Wärme langsam kochen. Zwischendurch die Würste mit einer Stopfnadel anstechen. Wenn Blut austritt, sind sie noch nicht gut. Erst wenn beim Einstechen das helle Fett austritt, sind sie fertig.

Hinweis: Man kann auch Gläser dreiviertelvoll mit Wurstteig füllen und einkochen.

(Westfalen)

BLUTWURST MIT MEHL
(Blautbuil)

Zu Blutwurstteig Wurstebrühe geben und so viel Weizenmehl einrühren, bis der Teig schön geschmeidig ist. Falls nötig, noch etwas Blut nachgießen. Mit Salz, Pfeffer und Majoran kräftig abschmecken.

Papierdärme zu drei Viertel mit Wurstteig füllen, zubinden und kochen.

(Westfalen)

METTWURST I

Zehn Pfund durchwachsenes Schweinefleisch durch die grobe Scheibe des Fleischwolfes drehen. Drei gehäufte Eßlöffel Salz, zwei gestrichene Kaffeelöffel Pfeffer und einen gestrichenen Kaffeelöffel Salpeter (es kann auch weniger sein) zufügen und das Ganze tüchtig durchkneten. Mit einem Tuch abdecken und ziehen lassen. Nach zwei Stunden noch einmal durchkneten und abschmecken. In Dünndärme füllen.

Hinweis: Man kann auch Gläser zu drei Viertel mit Mett füllen und einkochen.
Frisches Mett mit Zwiebelringen schmeckt gut auf braunen Ecken oder Weißbrot mit Butter.

(Westfalen)

METTWURST II

Seit Beginn der 30er Jahre hat es sich immer mehr eingebürgert, der Mettwurst, je nach gewünschter Konsistenz, Rindfleisch zuzufügen, und zwar in folgendem Verhältnis:

An Gewürzen werden je Pfund Wurstteig benötigt:
10 Gramm Salz, 1 Gramm Pfeffer, 1/2 Gramm Salpeter.

Mettwurst	hart	halbhart	weich
Rindfleisch	6 Pfund	4 Pfund	3 Pfund
Schweinefleisch	3 Pfund	5 Pfund	5 Pfund
Speck	3 Pfund	3 Pfund	4 Pfund

Das Schweinefleisch durch die grobe, das Rindfleisch durch die feine Scheibe des Fleischwolfes drehen. Die Wurstmasse ganz fest in Dünndärme oder Därme aus der gereinigten und getrockneten Schweinsblase stopfen.

Zehn bis vierzehn Tage in einem warmen, luftigen Raum bei einer Raumtemperatur von 12 bis 15 Grad zugfrei trocknen. Würste abwaschen und im gleichen Raum weiter aufbewahren.

(Westfalen)

KOHLWURST

Schweineherz, Milz und Nieren durchteilen und gut ausspülen. Gehirn abwaschen und das Ganze durch die grobe Scheibe des Fleischwolfes drehen.
Auswiegen. Doppelt so viel Mett und auf jedes Pfund Wurstbrei einen gehäuften Eßlöffel Salz, einen gestrichenen Kaffeelöffel Pfeffer und einen Eßlöffel aufgelöstes Zwiebelschmalz oder eine feingeschnittene kleine Zwiebel zufügen. Das Ganze gut durchkneten, mit einem Tuch abdecken und zwei Stunden durchziehen lassen. Noch einmal durchkneten und abschmecken. Wurstdärme fest mit Wurstbrei füllen, zubinden und in einem luftigen Raum trocknen lassen.

Hinweis: Schmeckt gut zu Grünkohl.

(Soester Börde)

ZUNGENWURST

Zunge weich kochen und die Haut abziehen. Zunge in einen Schweinemastdarm geben. Den Mastdarm zu drei Viertel mit Blutwurstteig auffüllen und zubinden.

Zungenwurst an einem Stock in Wurstebrühe hängen und gut eine halbe bis dreiviertel Stunde kochen. Danach zum Trocknen in einen luftigen Raum hängen.

(Westfalen)

SCHWARTEMAGEN

Zwei Drittel gekochtes mageres Fleisch kleinschneiden. Ein Drittel gekochte Schwarten durch die grobe Scheibe des Fleischwolfes drehen. Fleisch und Schwarten gut durcheinanderkneten. Auswiegen.

Auf zwei Pfund Fleischteig einen gestrichenen Eßlöffel Salz, einen gestrichenen Kaffeelöffel Pfeffer, eine kleingeschnittene Zwiebel und einen halben Kaffeelöffel Kümmel zufügen und alles noch einmal gut durchkneten. Abschmecken.

Fleischteig in einen Magen füllen und gut zwei Stunden langsam in leicht kochender Wurstebrühe kochen. Den Schwartemagen über Nacht zwischen zwei Bretter legen und mit einem Stein beschweren.

(Westfalen)

KNACKWURST
(Knappwoerst)

Fünf Pfund gekochtes Fleisch (Kopf, Bauch), Schwarten und Fett abschneiden, zunächst in Streifen und dann kleinschneiden; man kann es auch durch die feine Scheibe des Fleischwolfes drehen. Eine Tasse Salz, zwei Kaffeelöffel Pfeffer, zwei Kaffeelöffel Thymian, etwas Muskatnuß und einen Eßlöffel Zwiebelfett zufügen. Das Ganze gut durchkneten und noch einmal abschmecken. Aufpassen: Pfeffer, Thymian und Muskatnuß dürfen nicht zu stark durchschmecken.

Dünndärme zu drei Viertel mit Wursteteig füllen und zubinden. Die Würste unter Umwenden in leicht kochendem Wasser eine gute halbe Stunde kochen. Nach dem Kochen die Würste in kaltes Wasser legen. Wenn sie hart sind, diese aus dem Wasser nehmen

und eine Nacht zwischen feuchte Tücher legen. Vor dem Verzehr Knackwurst zehn Minuten in heißes Wasser legen.
Hinweis: Knackwurst schmeckt gut zu Kartoffelsalat, Heringssalat oder auch, ganz oder kleingeschnitten, zu Gemüsesuppen und Durchgemüse.

(Soester Börde, Sauerland)

SAURE ROLLE

Drei Pfund schieres Rindfleisch durch die grobe Scheibe der Fleischmaschine drehen. Mit zwei gestrichenen Eßlöffeln Salz, einem gestrichenen Kaffeelöffel Pfeffer und einem halben Kaffeelöffel Nelkenpfeffer gut durchkneten. Ein Stück Pansen zu einem Beutel zusammennähen und das Fleisch hineinfüllen. Die saure Rolle in reichlich gesalzenem Wasser zweieinhalb bis drei Stunden langsam kochen, abkühlen lassen und in einen Steintopf legen.
Fünf bis sechs Schöpfkellen Buttermilch kochen, abkühlen lassen und durch ein Seihetuch seihen. Buttermilch über die Fleischrolle gießen.

Aufpassen, daß die Fleischrolle gut mit Buttermilch bedeckt ist. Zuletzt ein Leinentuch darüberlegen. Darauf kommt ein Holzbrett und obenauf ein dicker Stein. Nach acht bis zehn Tagen kann man die saure Rolle zum ersten Mal anschneiden.

Hinweis: In dünnen Scheiben schmeckt sie gut zum Schwarzbrot mit Butter. Man kann auch daumendicke Scheiben kalt oder in heißem Schmalz oder heißer Butter angebraten zu gedämpften Kartoffeln oder statt Fleisch zum Gemüse essen.

(Soester Börde, Sauerland)

SÜLZE

Zwei Pfund Kleinfleisch (Füße, Ohren), vier Pfund Fleisch (Kopf, Nacken) und ein halbes Pfund Schwarten mit einem Pfund Zwiebeln, vier Möhren, einer Stange Porree, einem Kaffeelöffel Pfefferkörner und drei Eßlöffeln Salz mit Wasser bedeckt aufsetzen und gut eineinviertel Stunde kochen. Das Ganze auf einen Durchschlag geben und ablaufen lassen. Fleisch von den Knochen lösen und kleinschneiden. Schwarten kleinschneiden und beides wieder in den Topf geben. Mit der abgegossenen

Brühe auffüllen und mit Essig und Zucker abschmecken. Noch einmal kurz aufkochen. Danach in eine Schüssel oder in Gläser füllen und einkochen.

Hinweis: Schmeckt gut zu Kartoffelsalat, gedämpften Kartoffeln oder auch auf Schwarzbrot mit Butter.

(Westfalen)

WURST IM TEIG

Ein halbes Pfund Mehl in eine tiefe Schüssel geben. In der Mitte eine Vertiefung machen und fünfzehn Gramm Hefe hineinkrümeln, mit warmem Wasser und etwas Mehl vom Rand nach innen verrühren. Teig mit einem Tuch abdecken und zwanzig Minuten gehen lassen.

Ein bißchen Salz und ein Ei zufügen, mit dem Teig verrühren. Danach den Teig mit einem Holzlöffel schlagen, bis er Blasen wirft und sich gut vom Löffel löst. Teig noch einmal gehen lassen. Küchenbrett mit Mehl bestreuen, Teig darauf einen halben Finger dick aus-

rollen. Frische, handlange Mettwurstendchen in den Teig einrollen. Die Teigkanten mit Eiweiß bestreichen, nach innen klappen und gut andrücken.

Kuchenblech mit Fett einreiben, Wurst im Teig darauf legen, ein bißchen Wasser zugießen und gut dreiviertel Stunde im heißen Ofen backen.

Hinweis: Schmeckt gut mit Senf zum Bier.

(Soester Börde)

RINDERWURST

Rindfleisch (hohe Rippe oder Suppenfleisch, aber nicht so mager) kochen und durch die kleine Scheibe des Fleischwolfes drehen. Petersilie ganz klein hacken und mit einem ganz fein zerkrümelten Lorbeerblatt unter das Fleisch mischen. Mit Salz, Pfeffer und Nelkenpfeffer abschmecken. In Rinderdärme füllen und zu kleinen Kränzen binden. Wenn man keine Därme

hat, kann man den Wurstbrei auch in Schüsseln füllen und kalt stellen. Rinderwurst in heißem Wasser oder mit Schmalz oder Butter in der Pfanne erhitzen.

Hinweis: Man kann die Wurst auch mit aufgeweichter Grütze verlängern.

(Westfalen)

„Kuik, sachte de Katte,
koik in'n Pott;
dao kroich se oinen
miet'n Schlaif vöer'n Kopp."

VERARBEITEN DER WURSTEBRÜHE

PANHAS, PANNAS

Im Winter wurde meist nur einmal geschlachtet, und folglich gab es auch nur einmal Wurstebrühe. Der Panhas war aber sehr beliebt und der Winter oft lang. So holte man sich Wurstebrühe vom Metzger. Allerdings war diese ohne geplatzte Würste. Oder man bereitete den Panhas nach eigenem Hausrezept auch mal ohne richtige Wurstebrühe zu.

Zum Abschluß der Schlachttage nach dem Wursten wurde der Panhas zubereitet. Wurstebrühe möglichst mit einigen darin geplatzten Blut- und Leberwürsten, mit Speckwürfeln, etwas Blut, Salz und Pfeffer aufkochen. Danach unter stetigem Rühren so viel Buchweizenmehl zufügen, bis ein fester Brei entsteht. In eine Schüssel füllen und erkalten lassen.

Panhas in daumendicke Scheiben schneiden. In Butter oder Schmalz fünf Minuten auf beiden Seiten braten.

(Westfalen)

PANHAS OHNE WURSTEBRÜHE

Vier Zwiebeln abpellen und vier Möhren schrappen. Zwiebeln und Möhren grob durchteilen, mit dreiviertel Liter Wasser, einem halben Pfund Schweinefleisch und einem halben Pfund Rindfleisch, etwas Salz und Pfeffer aufsetzen und eine gute Stunde langsam kochen. Fleisch auf einen Durchschlag geben und die Kochbrühe abgießen. Fleisch durch einen Fleischwolf drehen und wieder in den Kochtopf geben. Brühe mit Salz, Pfeffer und Nelkenpfeffer gut abschmecken und zu dem Fleisch geben. Nach und nach unter Rühren ein halbes Pfund Buchweizen zufügen. Das Ganze eine halbe bis dreiviertel Stunde unter Umrühren langsam kochen, bis der Panhas steif ist und sich gut vom Topf löst. In eine Schüssel füllen und erkalten lassen. Braten wie beim Panhas oben angegeben.

(Münsterland,
Märkisches Sauerland)

KRÖSSE
(Kroise)

Was Panhas für das Münsterland, das Sauerland und auch das frühere Kurkölner Land, das war für die Soester Börde die „Kröße". Panhas und Kröße haben zwar die gleiche Grundsubstanz, nämlich Wurstebrühe, aber in der weiteren Zubereitung weichen sie doch erheblich voneinander ab. Das heißt aber nicht, daß Kröße nur im Soester Raum und Panhas nur im Münsterland gegessen wurde. Ähnlich dem Pfefferpotthast finden sich die Freunde von Kröße und Panhas in ganz Westfalen. Übrigens kann man Kröße genau wie Panhas auch ohne Wurstebrühe herstellen.

Für die Kröße zunächst über Nacht ein halbes Pfund Graupen einweichen. Ein Pfund Kochfleisch vom Schlachten durch den Fleischwolf drehen. Sechs Schöpfkellen Wurstebrühe und die abgetropften Graupen (statt Graupen kann man auch Gerstengrütze nehmen) in einen Topf geben und unter langsamem Rühren zu einem Brei kochen.

(Soester Börde)

KRÖSSE OHNE WURSTEBRÜHE

Ein halbes Pfund Graupen oder Gerstengrütze über Nacht in Wasser einweichen. Dreiviertel Pfund Schweinefleisch (Rippen, Rücken, Fleischknochen), eine Zwiebel, einen Kaffeelöffel Pfefferkörner, ein Lorbeerblatt, einen halben Kaffeelöffel Salz und sechs Schöpfkellen Wasser eine Stunde kochen. Graupen oder Grütze auf einen Durchschlag geben und ablaufen lassen. Fleisch von den Knochen lösen, mit einem Pfund schierem Fleisch durch die Fleischmaschine drehen. Danach Fleisch in die Brühe geben und unter langsamem Rühren die Graupen, beziehungsweise die Gerstengrütze, zufügen und das Ganze zu einem steifen Brei kochen. Mit Thymian und Majoran abschmecken.

(Soester Börde)

MÖPKENBROT

Zu Blutwurstteig Wurstebrühe geben. Falls nötig, noch ein bißchen Blut zufügen. Danach mit Weizenmehl zu einem steifen Teig rühren.

Rosinen waschen, abtropfen lassen und unter den Teig rühren. Wurstteig mit Salz, Nelkenpfeffer und Thymian abschmecken, noch einmal gut durchrühren und zu faustdicken Knödeln, „Möpkes", kneten. Möpkes mit einem Schaumlöffel in leicht kochende Wurstebrühe geben und kochen. Sie sind gar, wenn sie oben auf der Wurstebrühe schwimmen. Möpkes abkühlen lassen.

Hinweis: Möpkenbrot, in Scheiben geschnitten und auf beiden Seiten in Schmalz gebraten, schmeckt gut zu heißgemachter Kröße, aber auch mit Rübenkraut oder auf Schwarzbrot mit Butter.

(Soester Börde)

WURSTEBROT

Eine beliebte Spezialität des Münsterlandes war das Wurste-, Wopken-, Punske- oder Mopkenbrot (nicht zu verwechseln mit dem „Möpkenbrot" der Soester Börde) sowie das Leberbrot. Da Wurste- und Leberbrot in weiten Teilen unseres Landes zur Schlachtezeit gern gegessen wurden, seien auch ihre bekanntesten Rezepte hier in Erinnerung gebracht.

Fünf Pfund grobes Roggenschrot wird mit zehn Litern Blut – man kann auch ein Teil Blut durch Wurstebrühe ersetzen – und einem Pfund kleingeschnittener frischer Speckstückchen zu einem steifen Teig gerührt, mit Salz, Pfeffer, Nelkenpfeffer und etwas Piment abgeschmeckt, mit den Händen zu Kugeln geformt, in Wasser etwa eine dreiviertel Stunde gekocht und dann getrocknet.

Man kann aber auch Papierdärme zu drei Viertel mit Wurstteig füllen, zubinden und etwa dreiviertel Stunde in leicht siedender Wurstebrühe kochen und anschließend in einem luftigen, nicht zugigen Raum trocknen lassen.

Wurstebrot in Scheiben schneiden und auf beiden Seiten in heißem Schmalz braten.

Hinweis: Schmeckt gut allein, aber am besten mit einer Scheibe Mehlleberwurst oder einer Scheibe gebratenem Leberbrot zusammen.

(Münsterland)

LEBERBROT

Dem Leberwurstteig kleingeschnittene frische Speckstückchen zufügen (auf fünf Pfund Wurstteig etwa ein halbes Pfund Speckstückchen) und mit Wurstebrühe verdünnen. Dann so viel Weizenmehl unter Umrühren zufügen, bis ein dicker Teig entsteht. Mit Salz, Pfeffer, Majoran und Thymian abschmecken.
Papierdärme zu drei Viertel mit Wurstteig füllen, zubinden und etwa drei-

viertel Stunde in leicht siedender Wurstebrühe kochen. Die Würste anschließend in einem luftigen Raum trocknen.

Hinweis: Schmeckt am besten mit Wurstebrot.

(Münsterland)

FETTSUPPE
(Fettsoppe)

Einen Stutenknapp oder ein Stück trockenen Stuten auf einen Teller geben, mit heißer Fleischbrühe oder

Wurstebrühe auffüllen und mit Salz und Pfeffer abschmecken.

(Westfalen)

„Laotet dat Messken sinken
bit midden in'n Schinken,
laotet mi nit säo lange staon,
iek mat no'n Huisken
wigger gaon!"

VOM SCHINKEN

Westfälischer Schinken, mild und zart im Geschmack, ist seit Jahrhunderten eine beliebte und weltweit bekannte Spezialität. Ob allerdings der Geschmack von heute dem von früher entspricht, kann uns niemand bestätigen. Der hiesige Schinken bekommt nicht nur durch die Art der Reifung seinen unnachahmlichen Geschmack, auch die Fütterung der Schweine ist wichtig. Früher wurden die Schweine mit Rüben, Futterkohl, Gerstenmehl, Klee, Gras, Brennesseln und Kartoffeln gefüttert. Ihren Winterspeck konnten sie im Herbst bei der Eichelmast ansetzen. Alles Viehfutter wurde selbst erzeugt und von Hand verarbeitet. Vom Kauf der Jungschweine bis zur Schlachtung dauerte die Mast fast ein ganzes Jahr. Kenner behaupten, diese Art der Fütterung und die Dauer der Mast seien ausschlaggebend für die Festigkeit des Schinkens.

Und nun zur Reifung und zum Räuchern: Bis ins 19. Jahrhundert gab es in unserer Gegend noch schornsteinlose Fachwerkhäuser in Form einer Halle. Bei diesen Häusern zog der Herdrauch durch Tür, Dach und „Iulenlöeker" (Eulenlöcher) an der Giebelseite der Häuser ab. Zum Brennen wurde trockenes Laubholz verwendet, das weniger Rauch abgibt. Zudem war der Zug dank der vielen Abzugsmöglichkeiten so stark, daß die Bewohner von Rauch kaum belästigt wurden. Diese Art des Rauchabzugs hatte viele Vorteile. Durch die Wärme wurde das Getreide auf dem Boden über dem Herdfeuer getrocknet, und der Rauch beizte zugleich das Korn, wodurch es besonders lager-, mahl- und backfähig wurde. Das Ungeziefer wurde vertrieben, der Stalldunst des Viehs absorbiert und das Holzfachwerk konserviert.

*Über dem Herdfeuer befand sich ursprünglich unter der Decke ein aus Eichen-
brettern gezimmerter Holzrahmen, an dem sich der Rauch brach und die Funken
verlöschten. Später wurde aus diesem Rahmen ein trichterförmig gezimmerter Rauchfang. Darin befanden sich Stangengerüste zum Trocknen und Aufbewahren insbesondere von Fleisch, Wurst, Speck und Schinken. Aus der Zeit des
Dreißigjährigen Krieges berichtet Grimmelshausen in seinem „Simplicius Simplicissimus" als „Jäger von Soest": „O mirum! Da sah ich, daß der schwarze Himmel voller Lauten, Flöten und Geigen hing, ich vermeine die Schinken, Würste
und Speckseiten, die sich im Kamin befanden. Diese blickte ich trostmütig an,
weil mich bedünkte, als ob sie mit mir lachten!"*

*Hatte der Rauch in den älteren Bauernhäusern seinen Weg noch durch die
Decken in den Dachraum genommen, so zog er nun durch den zunächst noch
hölzernen Rauchfang zum Boden. Wie schon gesagt, war der Rauch nicht so
intensiv, weil überwiegend trockenes Holz verwendet wurde, mit dem man zudem sparsam umging. Da es hierbei immer wieder zu Bränden kam, sahen sich
die Landesherren genötigt, durch Verordnungen und Erlasse den Einbau von ge-
mauerten Schornsteinen zu fordern. Mit dem Einbau von Schornsteinen änderte
sich auch das Herdfeuer. Aus der fast ebenerdigen und von der Wand abgerück-
ten Herdgrube wurde ein aufgemauerter, wandgebundener Herd, dessen Rück-
wand durch eine eiserne Ofenplatte geschützt wurde. Am bisherigen Rauchfang
mit Stangengerüst änderte sich aber kaum etwas. Schinken und Speckseiten
behielten nach wie vor ihren Platz über dem Feuer.*

*Durch die aufblühende Eisenindustrie in der zweiten Hälfte des vorigen Jahr-
hunderts und die Erfindung der „Kochmaschine" wurde das Feuer in einen
Eisenkasten verbannt. Die Größe des Feuers konnte jetzt mit einer Luftklappe
reguliert werden und die Asche, die bisher nur mit viel Staubentwicklung entfernt werden konnte, wurde nun staubfrei in einem Aschenkasten aufgefangen.
Die Brandgefahr sank auf ein Minimum. Landesherren und Feuerversicherungen
empfahlen die Anschaffung dieser Kochmaschinen, und es dauerte nicht
lange, bis sie überall bei uns im Lande heimisch wurden. Anfangs wurden
diese „Maschuinen" unter den Rauchfang gestellt und an den Schornstein ange-
schlossen. Es kam zwar jetzt überhaupt kein Rauch mehr in den Rauchfang zu
den Würsten, Speckseiten und Schinken, doch blieb hier der Zug, der für das
Trocknen der Würste und Schinken wichtig war, voll erhalten.*

*Eine Änderung gab es erst wieder um die Jahrhundertwende. Inzwischen war
es nämlich üblich geworden, die Häuser massiv, das heißt mit Ziegeln oder aus
Fachwerk mit Ziegeln zu bauen. Wurde nun neu gebaut oder das alte Haus
mit Ziegeln ummauert und ein Schornstein eingemauert, fiel der bisherige*

Rauchfang weg. Seine Aufgabe als Trockenraum für Fleisch wurde nun von den „Floiskbüenen", Fleischkammern, übernommen. Diese Fleischkammern befanden sich meistens im ersten Stockwerk und grenzten unmittelbar an den Schornstein. In Fußboden- und Deckennähe der Fleischkammer wurde jeweils ein etwa 10 bis 15 cm hohes und etwa 30 bis 40 cm breites Loch in den Schornstein gestemmt, welches mit Holzschiebern versehen war, womit die Luft- beziehungsweise Rauchzufuhr reguliert werden konnte. Es wurde nur so viel Rauch in die Fleischkammer geleitet, wie früher an Rauch durch den Rauchfang zog. Zur Abweisung von Ungeziefer war das ausreichend.

Als immer mehr Steinkohle zum Kochen und Heizen verwandt wurde, mauerte man die Schornsteinlöcher der Fleischkammern wegen der giftigen Abgase wieder zu. Zu jener Zeit richteten dann die Metzger Räucherkammern ein. Solch eine Räucherkammer war ein quadratisch gemauerter 2,5 mal 2,5 m großer Kamin von Haushöhe. Diese Fleischkammern befanden sich innerhalb des Hauses oder wurden außen an das Haus angebaut. Sie konnten in jeder Etage durch eine Eisentür betreten werden. Als Fußboden befanden sich mit ca. 5 cm Abstand verlegte Eisenträger in jeder Etage, wodurch sowohl ein ungehinderter Durchzug des Rauches als auch ein gefahrloses Betreten der Rauchkammer ermöglicht wurde. Außerdem befanden sich in jeder Etage Stangengerüste zur Aufnahme des Rauchgutes.

Diese neue Art des direkten Räucherns von Fleisch- und Wurstwaren wurde zunächst nur sehr zögernd angenommen. Inzwischen ist sie zur Selbstverständlichkeit geworden, so daß man heute häufig annimmt, westfälischer Schinken sei schon immer kräftig geräuchert worden; doch bis in die 30er Jahre wurden Schinken, Würste und Speck auf dem Lande noch überwiegend luftgetrocknet. Man ließ den Schinken fast ein halbes Jahr hängen. Vor dem ersten Kuckucksruf beziehungsweise dem Schützenfest (am zweiten Pfingsttag) wurde er nicht angeschnitten.

VON SENF UND MOSTERT

*D*er Senf, unser beliebter „Mostert", wurde nicht immer nur als Würz- und Genußmittel benutzt. Die Senfkörner, der Senfsamen, das Ausgangsprodukt des Senfes, wurde früher gemahlen, mit Wasser angefeuchtet, in Leinen gepackt und als „Senfmehlpackung" oder „Senfmehlwickel" bei rheumatischen Beschwerden, Gelenkentzündungen, bei Ohrenschmerzen und vor allem als Brustpackung bei Bronchialkatarrh als Hausmittel verwendet. Senf wirkt verdauungsfördernd, beeinflußt den Blutdruck und wirkt entzündungshemmend.
Außerdem waren die Senfkörner als Gewürz sehr beliebt: sie wurden der Wurst, dem Schwartemagen, der Sülze und den eingelegten Gurken beigegeben.
In gemahlenem Zustand mit Wein- oder Kräuteressig angerührt, erhalten wir „Mostert". Schon unsere Vorfahren wußten, daß Mostert die Speisen nicht nur wohlschmeckender, sondern durch seine verdauungsfördernden Eigenschaften auch bekömmlicher macht (s. a. Senffleisch, Senfgurken, Senfsoße).

SENF

Einen Eßlöffel Thymian, einen Eßlöffel Majoran, zwei bis drei Eßlöffel kleingeschnittene Zwiebeln mit einem halben Liter Weinessig in eine Flasche füllen. Die Flasche gut verkorken und eine Woche warm stellen. Essig durchseihen.
Ein halbes Pfund schwarzes Senfmehl und ein halbes Pfund weißes Senfmehl mit fünf Eßlöffeln Zucker, einem Kaffeelöffel feingemahlenem Nelkenpfeffer und einem halben Kaffeelöffel feingemahlenen Gewürznelken gut verrühren. Ganz langsam von dem Essig so viel unterrühren, bis das Ganze ein schöner, geschmeidiger Brei ist. In kleine Steintöpfe füllen und gut zubinden oder zukorken.

„*Eäten un Drinken hält
Luiw un Seäle buioin.*"

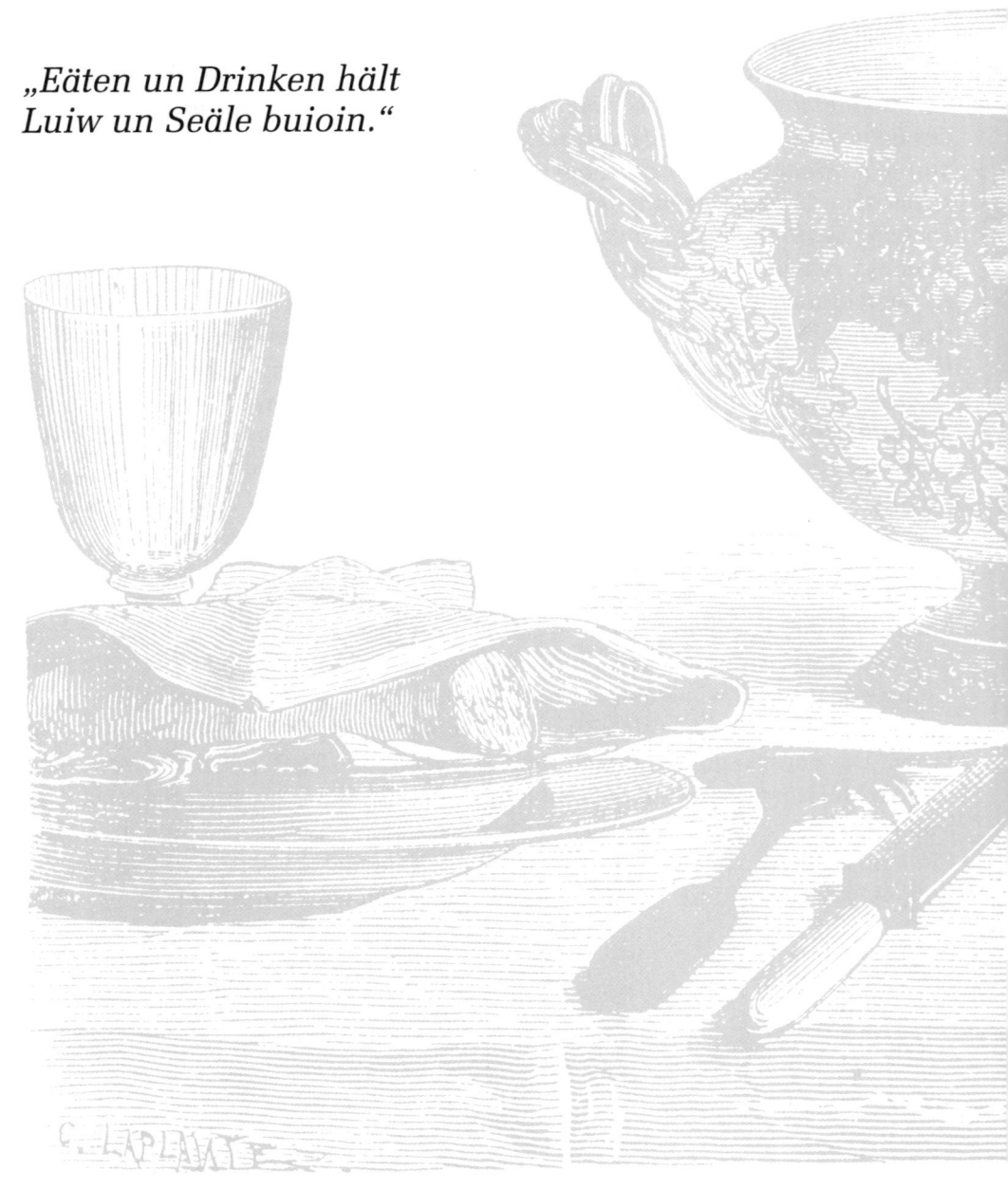

WAS MAN ASS UND TRANK

*B*is in den Zweiten Weltkrieg gab es Malzkaffee aus gerösteter Gerste, „Blümchenkaffee" oder „Muckefuck" genannt. Früher brannte man die Gerste, auch wohl mal Roggen, im eigenen Kaffeeröster. Später wurde der Malzkaffee industriell hergestellt. Das bekannteste Produkt war „Kathreiners Malzkaffee". Auf dem Lande wurde bis weit in die 30er Jahre der Bohnenkaffee selbst geröstet. Das Kaffeerösten und der Verkauf von „frisch geröstetem Bohnenkaffee" wurde dann eine Spezialität der Lebensmittelhändler, die untereinander um die „beste Kaffeemischung" wetteiferten.
Zum Morgenkaffee gab es Brot mit Butter oder Margarine und Rübenkraut. Während der Herbst- und der ersten Wintermonate auch Johannisbeergelee und Pflaumenkraut. Die Kinder bekamen im Winter vor dem Weg zur Schule Hafergrütze, in Milch gekochte Haferflocken mit „Brotpriumen" (Backpflaumen) und „Schrutseln" (getrockneten Apfel- und Birnenscheiben).

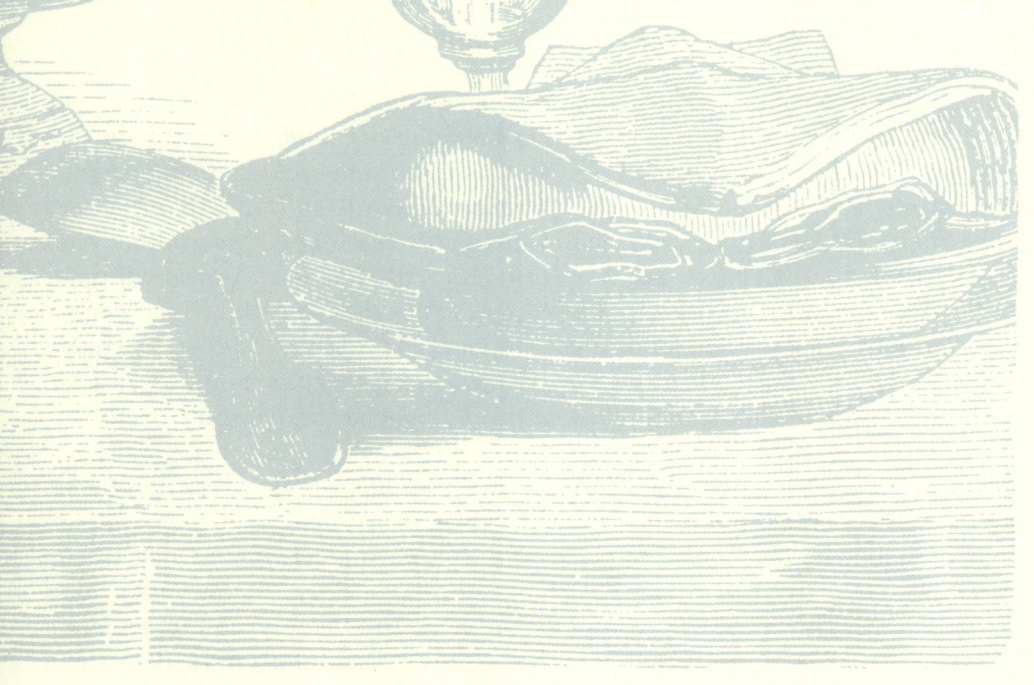

Nach dem Morgenkaffee wurden das Fleisch oder die Fleischknochen mit viel Wurzelwerk aufgesetzt. Nach etwa einstündiger Kochzeit wurde das Fleisch aus dem Topf genommen und anschließend in der Fleischbrühe Gemüse und Kartoffeln gegart. Die Zubereitung des Mittagessens nahm fast den ganzen Vormittag in Anspruch.

Der Mittagsspeiseplan sah meistens so aus: Während der Woche Durchgemüse mit Fleischeinlage oder lufttrockenem Schinken oder Mehlfpannekuchen als Beilage. Es gab auch Gemüsesuppe mit Fleischeinlage oder Mehlpfannekuchen dazu. In katholischen Orten aß man freitags zur Bohnen- oder Erbsensuppe eingelegte Heringe.

Die heute so beliebten Mettendchen sind erst im Laufe der 30er Jahre und insbesondere bei den damaligen Großveranstaltungen populär geworden. Im Winter nach dem Schlachten gab es als Beilage „nen Stücke iut'm Blautbuile" (Blutmehlwurst) gebraten oder ungebraten, oft auch aufgewärmte „Kroise miet'm Möpkenbräot" (Kröße mit Möpkenbrot) oder „ne Schuiwe Panhas iut de Panne miet Bräot, Hiemel un Är, Dümpe- oder Stampetiufeln" (eine Scheibe Panhas aus der Pfanne mit Brot, Himmel und Erde, gedämpften oder Stampfkartoffeln). Eine ganz besondere Winterspezialität ist „Käolmaus" (Grünkohl) „miet Käolwoerst" (mit Kohlwurst), mit durchwachsenem Fleisch oder „nen Stücke iut'm Piekel" (Pökelfleisch). Sauerkraut und Schnippelbohnen sind weitere Winterspezialitäten.

An Sonn- und Feiertagen gab es als Vorspeise eine Rindfleisch-, seltener eine Hühnersuppe mit Nudeln oder Reis und Eierstich als Einlage sowie zum Einbrocken oder zum „Dazuessen" ein Brötchen, „Witten- odder Ruigenstiuten" (Weißbrot oder Reihenstuten: kleines, flaches Weißbrot mit Einkerbungen zum Abbrechen). Das Hauptgericht bestand aus Schweine- oder Rinderbraten oder Pfefferpotthast mit Gemüse und Salzkartoffeln. Als Nachtisch wurde entweder Vanillepudding mit Himbeersaft oder steifgekochter Reis gereicht. Dieser konnte mit Zimt und Zucker, Himbeersaft, gekochten Backpflaumen oder getrockneten Apfel- oder Birnenscheiben gegessen werden. Später kamen eingeweckte Pflaumen, Birnen, Mirabellen, Kirschen und Pfirsiche als beliebter Nachtisch hinzu.

Mit Beginn der 30er Jahre kam es insbesondere in den Städten zu Änderungen der bisherigen Eßgewohnheiten. Immer häufiger wurden, vor allem in den Sommermonaten, Kartoffeln, Gemüse und Fleisch auch während der Woche getrennt zubereitet. Allerdings blieben Schweine- oder Rinderbraten und Pfefferpotthast noch bis in die 40er Jahre ausschließlich Sonntagsessen. Während der Woche eroberten langsam Bratwurst, Gehacktes (Frikadellen), gebratene Rippchen, gekochtes oder gebratenes Eisbein unsere Küche. Beliebte Zusammenstellungen waren als Beilage zu Gehacktem, gebratenen Rippchen oder gebackener Leber: Blumenkohl, Möhren und Erbsen, Kohlrabi, Wirsing und Rosenkohl. Zu Eisbein aß man Sauerkraut mit Kartoffelbrei. Wurde das Gemüse bis dahin noch in Salzwasser vorgekocht und danach in Butter geschwenkt, wurde es nun, wie auch die Soßen, mit Mehl angedickt.

Inzwischen wurde auch das Sonntagsessen um einige Spezialitäten erweitert: panierte Koteletts, Rindsrouladen, rheinischer Sauerbraten, Gulasch und Schinkenbraten. Kalte Koteletts und Frikadellen waren Ende der 30er Jahre schon so beliebt, daß sie in vielen Gasthäusern zum Bier angeboten wurden.

Mitte der 30er Jahre, mit der Eröffnung von ersten Fischgeschäften in vielen Städten, wurden Schellfisch und Kabeljau auch bei uns populär, während sie bis dahin lediglich zu Karfreitag – nach Vorbestellung beim Lebensmittelhändler – auf den Mittagstischen zu finden waren. Heringe gab es allerdings schon seit den 20er Jahren in 100-Kilo-Fässern beim Lebensmittelhändler sowohl auf dem Lande als auch in der Stadt. Die geleerten Heringsfässer waren allseits geschätzte Regen- und Jauchefässer. Heringstipp und Pellkartoffeln mit Hering und Specksoße – zum Ende der 30er Jahre als „Arme-Leute-Essen" angesehen – waren bei uns sehr beliebt.

Als Abendessen gab es Aufgewärmtes, also Reste vom Mittag mit einer Milchsuppe als Vorspeise. Milchsuppen wurden übrigens im Sommer auch zum Mittagessen gern als Vorspeise gegessen. Die „kalte Küche" zum Abend mit Brot, Butter, Schinken, Handkäse (Quark) oder dem Holländer Käse kam erst Ende der 30er Jahre auf.

Im Hinblick auf den inzwischen wieder schmaleren Geldbeutel möchte man heute wieder zurück zu der guten heimischen Küche von früher. Doch viele stellen fest, daß dieses Vorhaben gar nicht so einfach ist. Einmal gibt es über die damaligen Koch- und Eßgewohnheiten nur wenige Aufzeichnungen, und zudem fehlt vielen die Zeit, die „Küche von damals" in Ruhe nachzukochen.

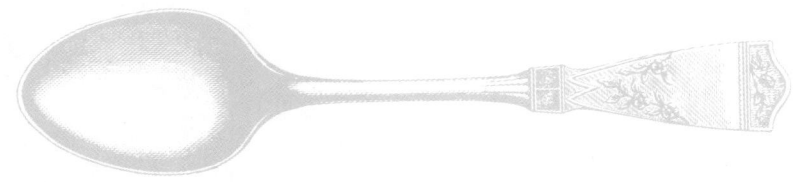

UROMAS KÜCHE

*S*ie schenkte gern, war im Haushalt aber sehr sparsam.
Ihr Motto in westfälischer Mundart:
„Wat oin Mannsmenske voierspännig infoiert,
kann oine Frugge in oine Schörte wuier riutdreägen!
Oine guerre Frugge
ies in de Küeke 'ne Köekske
un 'ne Dame im Salon!"

UROMAS LIEBLINGSREZEPTE

Lang, lang ist's her, es gab weder Elektroherde, Kühlschränke, elektrische Küchengeräte noch den Schnellimbiß drüben an der Ecke.

Allerdings waren die Küchen damals nicht so klein, daß nur eine Person hineinpaßte und somit beim Kochen alleine bleiben muß. Zu Uromas Zeit war die Küche noch der Mittelpunkt des häuslichen Lebens. Man saß am Küchentisch, schaute Uroma beim Vorbereiten der Speisen zu und konnte sich auch noch in aller Ruhe unterhalten. Dabei ging es nicht nur um Uromas geheime Haushaltstips und Koch-Erfahrungen. Gesprächsthema war oft auch der gesamte Alltag mit seinen Höhen und Tiefen. Und Uroma konnte so schön erzählen!

So erzählte sie uns einmal beim Kartoffelschälen, daß in ihrer Küche Kartoffeln niemals fehlen dürften und

- daß man neue Kartoffeln nicht schälen, sondern mit der Schale kochen soll;

- daß man alle Kartoffeln nur ganz dünn schälen darf;

- daß man aber bereits keimende Kartoffeln dick schälen muß, weil sich unter der Schale leicht Giftstoffe bilden;

- daß man frisch geschälte Kartoffeln sofort in kaltes Wasser legen muß;

- daß sie Kartoffeln grundsätzlich in erhitztem Wasser kocht, weil dadurch die Geschmacksstoffe besser erhalten bleiben;

- daß Kartoffelwasser nicht weggeschüttet, sondern als Grundlage für Gemüsesuppen verwendet wird;

- daß man gefrorene Kartoffeln, die süß geworden sind, vier Tage in einen warmen Raum stellen muß, damit sie wieder schmackhaft werden;

- daß ihr liebstes Kartoffelgericht von jeher Pellkartoffeln mit Hotten (Quark) ist.

PELLKARTOFFELN

Für Pellkartoffeln hat Uroma die Kartoffeln vor dem Kochen in einer Schüssel Wasser mit einer Bürste geschrubbt. Dann gab sie die Kartoffeln in erhitztes Wasser. Salz fügte sie nicht hinzu, weil, wie sie sagte, das Salz sowieso nicht durch die harte Schale dringen könne.

Für Pellkartoffeln nahm Uroma gleichgroße Kartoffeln, damit sie möglichst gleichzeitig gar werden, so sagte sie. Pellkartoffeln lassen sich leichter pellen, wenn sie nach dem Kochen kurz unter kaltem Wasser abgeschreckt werden.

Gab es bei Uroma Pellkartoffeln, dann nahm sie oft die ersten, gepellten, warmen Kartoffeln, schnitt sie durch, strich etwas Butter darauf und streute Salz darüber und gab sie uns Kindern zum Probieren. Eine wunderschöne, köstliche Erinnerung, die ich auch heute noch gerne in die Tat umsetze!

PELLKARTOFFELN MIT HERING

Benötigt werden: 12–14 mittelgroße Kartoffeln, acht bis zehn Heringfilets (Matjes), eine Tasse Schmand (Sahne), zwei Äpfel, zwei Zwiebeln, Zitronensaft, Salz.

Kartoffeln mit der Schale kochen. Die Heringfilets gut zwei Stunden wässern und anschließend auf dem Durchschlag gut ablaufen lassen. Die Äpfel schälen, vierteln, Kerngehäuse entfernen und kleinschneiden. Die Zwiebeln fein würfeln oder in Scheiben schneiden. Den Schmant steif schlagen und die Apfel- und Zwiebelstücke zufügen. Mit Zitronensaft und Salz abschmecken. Feingeschnittene Petersilie unterrühren.

Schmand und Heringfilets in eine Servierschüssel geben und leicht miteinander mischen.

Hinweis: Mit einem Stückchen Butter auf den Pellkartoffeln schmeckt es noch besser.

Pellkartoffeln mit Hotten (Quark)

Benötigt werden: 12–14 mittelgroße Kartoffeln, ein halbes Pfund Hotten (Quark), eine Tasse Sauerrahm oder Joghurt, ein Bund Schnittlauch, Petersilie.

Den Hotten mit Sauerrahm gut verrühren. Schnittlauch und Petersilie ganz fein schneiden, und zweidrittel dieser Menge unter den Hotten rühren. Mit Salz abschmecken und zum Schluß die restlichen Kräuter darüberstreuen.

Hinweis: Die Pellkartoffeln schmecken auch gut, wenn man ein Stückchen Butter dazugibt.

Reibeplätzchen oder Kartoffelpfannekuchen

Benötigt werden: Vier Pfund Kartoffeln, zwei Zwiebeln, vier Eier, zwei Eßlöffel Weizenmehl, ein viertel Liter Speiseöl, Salz.

Kartoffeln schälen, Zwiebeln abpellen. Kartoffeln und Zwiebeln auf einer Kartoffelreibe schnell zerkleinern. Die geriebenen Kartoffeln und Zwiebeln mit den Eiern und dem Mehl verrühren, zwei bis drei Eßlöffel Salz zufügen, Speiseöl in einer Pfanne erhitzen. Den fertigen Kartoffelteig eßlöffelweise in das heiße Fett geben und flachdrücken; auf beiden Seiten knusprig ausbacken.

Steckrübengemüse

Eine Steckrübe von etwa zwei Pfund schälen, in kleine Stücke schneiden und mit einer Zwiebel in gesalzenem Wasser eine Stunde kochen. Zwei Pfund Kartoffeln schälen, waschen, kleinschneiden, zu den Steckrüben in den Topf geben und eine gute viertel Stunde mitkochen. Abgießen. Mit einem Kartoffelstampfer alles miteinander zerstampfen. Eine Tasse

Schmand (Sahne) oder zwei Eßlöffel Butter auslassen und unter die Steckrüben rühren. Mit Salz und Pfeffer abschmecken. Petersilie kleinschneiden und darüberstreuen.

Beilagen: Dazu gab es handtellergroße Mehlpfannekuchen. In den 30er Jahren auch schon mal Gehacktes-Bällekes und später Bratwurst, Leber oder gebratene Rippchen.

STIELMUS

Uromas Mutter bereitete Stielmus wie folgt: Lufttrockene, ungeräucherte Speckwürfelchen wurden im Topf ausgelassen, mit Wasser abgelöscht, und in dieser Brühe wurden die kleingeschnittenen Stielmus-Stengelchen mit Kartoffelwürfeln gegart. Als Beilage gab es Scheiben von lufttrockenem Schinken.

Mit der Zunahme der Schlachtereien in den 20er Jahren wurde der lufttrockene Speck durch Rind- und/oder Schweinefleisch ersetzt.

Meine Uroma kochte Stielmus nach diesem Rezept: Anderthalb Pfund Fleisch mit etwas Salz, Pfefferkörnern, Wurzelwerk (Porree, Möhren, Zwiebel, Sellerie) und Wasser aufsetzen und etwa eine Stunde langsam kochen.

Zwei Pfund Stielmus waschen, die Blätter abstreifen und die Stengel kleinschneiden.

Fleisch aus dem Topf nehmen. Kleingeschnittene Stengel mit anderthalb Pfund gewürfelten Kartoffeln in die Brühe geben und gut zwanzig Minuten kochen. Kartoffeln grob zerstampfen. Das Gemüse muß so sämig sein, daß man es mit der Gabel essen kann (eventuell mit geriebener roher Kartoffel andicken). Fleisch in kleine Stückchen schneiden und unter das Gemüse geben. Mit Salz und Pfeffer abschmecken.

Hinweis: Zur Verfeinerung fügte Uroma noch einen Stich Butter oder zwei Eßlöffel Schmand (Sahne) zu.

GRÜNKOHL
(Käolmaus)

Zu Uromas Zeiten waren Kassler und Rauchmettenden noch unbekannt, wie überhaupt Geräuchertes nur vereinzelt auf den Tischen Westfalens zu finden war. Darum bereiteten die Uromas unseren Grünkohl, unser „Käolmaus", so zu, wie sie es bei ihren Müttern schon gelernt hatten.

Vier Pfund Grünkohl (ohne Strunk und Stiele) kleinschneiden, waschen und mit kochendem Salzwasser überbrühen.

Eine Tasse kleingeschnittene Zwiebeln in zwei Eßlöffel erhitztem Schmalz dünsten. Grünkohl und ein Pfund durchwachsenes Schweinefleisch zufügen, mit Salz und Pfeffer würzen und zugedeckt zwei Stunden garen. Wenn nötig, etwas Wasser oder Brühe zufügen. Sobald das Fleisch gar ist, aus dem Topf nehmen. Während der letzten zwanzig Minuten vier ungeräucherte Kohlwürste mitgaren. Eventuell mit Salz nachwürzen. Fleisch in Scheiben schneiden. Kohlwürste, je nach Größe, halbieren oder vierteln.

Beilagen: Mit Salz- und Röstkartoffeln servieren.

RÖSTKARTOFFELN

Pellkartoffeln kochen, abpellen und mit einem Eierschneider in Scheiben schneiden. Frische (ungeräucherte) Speckwürfelchen erhitzen – nicht bräunen – und aus der Pfanne nehmen. Kartoffelscheiben in dem ausgelassenen Fett und nach Geschmack mit etwas Butter anrösten, salzen. Vor dem Servieren die Speckwürfelchen wieder untermischen.

Nachtisch: Bratäpfel mit Vanillesoße.

DICKE BOHNEN

Vier Pfund große Bohnen enthülsen, abkochen und auf einem Durchschlag abtropfen lassen. Anderthalb Pfund dicke Rippe oder durchwachsenes Schweinefleisch (frisch oder aus dem Pökel) mit einer Porreestange, zwei Möhren, zwei kleinen Zwiebeln und einem Stück Sellerie in einem halben bis dreiviertel Liter leicht gesalzenem Wasser gut eine bis eineinviertel Stunde langsam kochen.

Fleisch und Wurzelwerk aus dem Topf nehmen. Das Fleisch klein- oder in Scheiben schneiden. Bohnen in die Brühe geben und in gut zwanzig Minuten gar kochen. Wurzelwerk durch ein Sieb in die Bohnenbrühe streichen bis die Brühe schön sämig ist. Mit Salz, Pfeffer und Bohnenkraut abschmecken, das kleingeschnittene Fleisch zufügen und mit kleingeschnittener Petersilie bestreuen.

Beilagen: Salzkartoffeln.

POTTHARST – PFEFFERPOTTHARST

Einen halben Liter Wasser mit einem Kaffeelöffel Salz, einem Kaffeelöffel Pfefferkörnern, einem halben Lorbeerblatt und zwei Pimentkörnern zum Kochen bringen, dann dreiviertel Pfund Rindfleisch (eventuell Gulasch), ein halbes Pfund Schweinefleisch (mageren Kamm) in fünfmarkstückgroße Stücke schneiden, in das kochende Wasser geben und eine halbe Stunde in dem Wasser köcheln lassen. Ein halbes Pfund feingewürfelte Zwiebeln, eine feingeschnittene Stange Porree, eine Scheibe feingewürfelten Sellerie und drei feingewürfelte Möhren dem Fleisch zufügen und in gut einer dreiviertel Stunde fertig garen. Anderthalb Zwiebäcke fein reiben und damit den Pottharst andicken.

Beilagen: Salzkartoffeln, Dillgurken, Rote Bete, Kopfsalat oder Braune Ecken (dunkel gebackene Roggenbrötchen).

UROMAS SALZGURKEN IM STEINTOPF

Salzwasser kochen (ein Eßlöffel Salz, ein Eßlöffel Weinessig und eine Prise Zucker auf einen Liter Wasser). Einen Steintopf gut auswaschen. Auf den Steintopfboden frisches Dillkraut, Kirschblätter, ein paar schwarze Johannisbeerblätter und, soweit man hat, einige Weinrebenblätter verteilen, Pfeffer- und Senfkörner darüberstreuen. Darauf eine Handbreit hoch gut abgetrocknete Gurken geben. Mit frischem Dillkraut, Kirschblättern und so weiter wie oben aufgezählt abdecken und wieder einige Pfeffer- und Senfkörner darüberstreuen. In dieser Reihenfolge den Steintopf bis etwa eine Handbreit unter dem Steintopfrand auffüllen und mit frischem Dillkraut, Kirschblättern und so weiter abdecken. Mit dem erkalteten Salzwasser übergießen, bis die Flüssigkeit gut daumenbreit über den Gurken steht. Die Gurken mit einem großen Teller abdecken und mit einem Stein beschweren. Drei Wochen müssen die Gurken nun an einem möglichst warmen Platz „reifen". Und dann? – Guten Appetit!

UROMAS KÜCHEN- UND HAUSHALTSTIPS

Apfelkompott verfeinerte Uroma mit einem Stich Butter während des Kochens. Auch rührte sie es nie mit einem Blechlöffel, weil es sonst seine Farbe verliert.

Backobst weichte sie vor dem Kochen immer in kaltem Wasser ein und zuckerte es erst nach dem Kochen, weil es sonst nicht richtig weich wird. Ließen **Blumen in der Vase** die Köpfe hängen, erweckte Uroma sie mit einer Aspirintablette zu neuer Frische.

Blumenkohl blieb schön weiß, wenn sie einen Schuß Milch ins Kochwasser gab.

Eierflecken rieb Uroma mit feuchtem Salz oder Essigwasser aus.

Eischnee, der beim Schlagen nicht steif werden will, wird mit einem halben Kaffeelöffel Puderzucker fest.

Bei **Erkältung mit Fieber** mußte man eine große Tasse Kamillentee trinken. Dann legte Uroma dem Kranken um den ganzen Oberkörper ein nasses Tuch, darüber kamen mehrere Trockentücher, und zuletzt wurde er in eine große Wolldecke gewickelt. Eine halbe Stunde mußte er in dieser Verpackung schwitzen. Anschließend wurde er ausgewickelt, trocken gerieben und in ein frisch bezogenes Bett gesteckt.

Erbsensuppe verfeinerte Uroma durch Mitkochen von ein paar frischen Pfefferminzblättern.

Fettflecken in feinen Stoffen mit einem Brei aus Wasser und Stärkemehl einreiben, trocknen lassen und ausbürsten.

Zum Abtauen zugefrorener **Fensterscheiben** im Winter tauchte sie ein Küchentuch in Salzwasser und wischte damit über die Scheiben.

Fleischbrühe bleibt schön klar, wenn man gut zehn Minuten zwei bis drei Eierschalen mitkocht. Anschließend Schalen aus der Brühe nehmen.

Geruch von Fisch, Knoblauch, Zwiebeln an den Händen beseitigte Uroma durch Einreiben mit Kaffeeprütt (Kaffeesatz).

Gurkensalat wird bekömmlicher, so sagte sie, wenn die geschälte Gurke kurz mit kochendem Wasser überbrüht, mit kaltem Wasser abgeschreckt und danach erst in Scheiben geschnitten wird. Bei leichten **Halsschmerzen** sollte man mit Salzwasser gurgeln. Bei starken Halsschmerzen verordnete Uroma immer heißes Bier mit anschließender Bettruhe.

Harzflecken wurden mit Brennspiritus ausgerieben.

Hefe ist frisch, wenn man davon ein Stückchen in heißes Wasser legt und das Stückchen Hefe sofort nach oben steigt.

War der **Honig** im Glas kristallisiert, so stellte Uroma das Glas in einen Topf mit heißem Wasser, bis der Honig wieder weich war.

Honigkuchen, mit Schmalz gebacken, wurde besonders zart und schmackhaft.

Damit **Holzkochlöffel** wieder schön weiß werden, legte Uroma sie ein paar Tage in Sodawasser.

Hülsenfrüchte weichte sie immer in abgekochtem und wieder erkaltetem Wasser ein, weil sie dann schneller weich werden.

Kartoffelpfannekuchen werden bekömmlicher, wenn man dem Teig eine Prise Backpulver zufügt.

Kartoffelsalat wird leichter verdaulich, wenn die kleingeschnittenen Zwiebeln mit heißem Essigwasser überbrüht werden, man sie erkalten läßt, abschüttet und dann erst unter den Salat mischt.

Kirschen entsteinte Uroma mit einem Gänsekiel.

Knackwürste platzen beim Kochen nicht, wenn man sie in kaltem Wasser aufsetzt und einen Schuß Milch zufügt.

Kochdunst konnte sich bei Uroma auf den Schränken in der Küche nicht niederschlagen, weil sie die Schränke mit alten Zeitungen abdeckte und diese von Zeit zu Zeit erneuerte.

Frisch gebackener **Kuchen** löst sich leichter vom Blech, wenn man den Kuchen mit dem heißen Blech für ein paar Minuten auf ein nasses Tuch stellt.

Getrocknete **Lavendelblüten** in einem Baumwollsäckchen legte Uroma in den Wäscheschrank, damit die Wäsche, wie sie sagte, gut duftet.

Bei **Magenverstimmung** gab es bei Uroma nur ein Mittel: ungesüßten Hafer bis zur Besserung! Handelte es sich um eine ernsthafte Magenverstimmung, so zerschnitt sie einen Kappeskopf, füllte ihn in einen Topf und bearbeitete ihn mit einem Kartoffelstampfer so lange, bis sich Saft gebildet hatte. Diesen frisch gepreßten Kappessaft mußte man schlückchenweise trinken. Soweit ich mich erinnere, waren es zwei bis drei Trinkgläser täglich über mehrere Tage.

Milch brennt nicht an, wenn man vor dem Kochen den Kochtopf mit Wasser ausspült und etwas Wasser in dem Kochtopf läßt.

Geriebener **Meerrettich** wird nicht dunkel, wenn man etwas Zitronensaft darüber träufelt.

Milchflecken werden mit kaltem Wasser ausgewaschen.

Gegen **Mundgeruch** von Hering, Knoblauch und Zwiebeln gab uns Uroma kalte Milch zu trinken.

Bei **Ohrenschmerzen** und **Karbunkel** kochte sie Kartoffeln mit der Schale. Die heißen Kartoffeln füllte sie in einen Leinenbeutel und zerquetschte sie mit einem Kartoffelstampfer. Eine viertel Stunde bis zwanzig Minuten wurde dieser heiße Beutel dann auf das entzündete Ohr oder Karbunkel gelegt.

Gegen **Rheuma** und **Hexenschuß** gibt es nach Uromas Worten nichts Besseres als Farnkraut. Dazu das Farnkraut auf ein feuchtes Leinentuch verteilen, ganz flach einschlagen und unter das Bettlaken schieben. Der Zipperlein-

Geplagte muß mehrere Nächte auf dieser Unterlage schlafen und soll schon sehr bald Linderung verspüren.

Rotkohl verfeinerte sie mit einem Eßlöffel Johannisbeergelee vor dem Anrichten.

Rosenkohl darf erst nach dem Kochen gesalzen werden, weil er sonst seine schöne grüne Farbe verliert.

Frische **Rotweinflecken** mit Salz bestreuen und nach einiger Zeit auswaschen.

Sauerkraut schmeckt milder, verspricht Uroma, wenn eine fein geriebene, rohe Kartoffel mitgekocht wird.

Schimmel auf dem Johannisbeergelee hob sie mit einem Löffel daumendick ab, streute dann Zucker darauf, wartete eine Weile und kochte das Ganze noch einmal auf.

Schimmel setzt sich auf den Äpfel- und Kellerregalen gar nicht erst an, wenn man die Regale vor dem Einkellern mit einer heißen Sodalösung gründlich abwäscht.

Schmalz- und **Ölflecken** bestreute Uroma mit Kartoffelmehl, wartete eine Weile und bürstete sie dann aus.

Schmand (Sahne) wird ergiebiger, wenn man vor dem Schlagen ein Eiweiß unter einen halben Liter Schmand mischt.

Schuhcreme in der Wäsche rieb sie mit Brennspiritus aus.

Schnittlauch schnitt Uroma immer mit der Schere, weil es zum einen schneller geht und zum andern schöne, gleichmäßige Stückchen ergibt.

Etwas **Senf** in der Salatsoße macht Gurkensalat bekömmlicher, behauptete Uroma.

Senf trocknet im Glas nicht aus, wenn ein bißchen Salz dazu gegeben wird.

Speck läßt sich leichter schneiden, wenn das Schneidemesser vorher in heißes Wasser getaucht wird.

Speck wellt sich nicht in der Pfanne, wenn man ihn vorher mit einer dicken Nadel mehrmals einsticht.

Zähes **Suppenfleisch** wird zart, wenn man einen Schuß Essig ins Kochwasser gibt.

Ein altes **Suppenhuhn** legte Uroma vor dem Kochen immer ein paar Stunden in Essigwasser.

Um **Sülze** aus der Schüssel zu stürzen, stellte sie die Schüssel mit Sülze bis zum Rand in kaltes Wasser.

Wenn Uroma in ihrer schönen westfälischen Mundart meinte: „Junge, wat süst diu wuier bloik un oilennig iut", ging sie an den Küchenschrank, schlug ein Eigelb in eine Kaffeetasse, gab einen Kaffeelöffel Honig hinzu, verquirlte das Ganze und füllte es mit warmer Milch auf. Wenn ich heute so zurückdenke, muß ich damals oft „bloik un oilennig" ausgeschaut haben.

WESTFÄLISCH ZUBEREITET VON A BIS Z

A

Aufwärmen: Uroma und andere Kenner der alten, westfälischen Küche behaupten, daß z.B. aufgewärmtes Durchgemüse noch besser schmeckt als das frisch zubereitete, wenn Uromas beliebter Stich Butter zugegeben wird.

B

Bindemittel: Geriebene frische Kartoffeln; passiertes, gekochtes Gemüse; geriebenes Schwarzbrot; geriebener Zwieback. Niemals Mehl!

Bohnen: Dicke Bohnen (große Bohnen), Schnippelbohnen, Wibbelbohnen (Pferde- oder Saubohnen) und weiße Bohnen. Später kamen Krup- oder Buschbohnen als Gemüse- beziehungsweise Salatbohnen hinzu. Dicke Bohnen und Wibbelbohnen werden mit ausgelassenen, ungeräucherten, mit Wasser abgelöschten Speckwürfelchen oder in frisch gekochter Fleischbrühe gegart. Schnippelbohnen und weiße Bohnenkerne werden als Suppe serviert. Weiße Bohnenkerne-Spezialitäten: Gänsefutter (Goisefauer) und Blindhuhn (Blinthaun).

Braten: Als Schmorbraten oder als Sonntagsbraten erst seit Ende der 20er Jahre nach und nach in Westfalen üblich.

Butter: Beliebtes Back- und Kochfett neben frischem, ungeräuchertem Speck und Schmalz.

Braune Ecken: Braun gebackene Roggenbrötchen. Beliebte Beilage zu Rinderwurst und Potthast, Pfefferpotthast, Hochzeitsessen, der „Soester Wamme" und dem „Münsterländer Töttchen".

D

Dämpfen: Gedämpfte Kartoffeln (Dümpetiufeln). Westfalens liebste Kartoffelzubereitung, fälschlich auch als Bratkartoffeln bezeichnet. Rohe Kartoffeln in gleichmäßige, kleinfingerdicke Streifen schneiden (Tip: Frittenschneider verwenden), in ausgelassener Butter oder in ausgelassenen, frischen, kleinen ungeräucherten Speckwürfelchen anbraten, etwas kaltes Wasser angießen, gar dämpfen. Eventuell Pfannendeckel mit feuchtem Tuch abdichten.

Dicke Milch: Geronnene Milch, angerührt mit Milch oder Schmand (Sahne), bestreut mit Zimt und Zucker. Sehr beliebtes Sommer-Dessert!

Durchgemüse: Zu allen Zeiten Westfalens beliebteste Gemüsezubereitung. Gemüse wurde mit Fleisch und Kartoffeln in einem Topf gegart. Wenn man kein Fleisch hatte, wurden kleine, ungeräucherte Speckwürfelchen ausgelassen, mit Wasser abgelöscht und darin das Gemüse gegart. Nicht zerkochen! Nach dem Fertiggaren müssen alle Zutaten noch gut erkennbar sein. Durchgemüse wird grundsätzlich mit der Gabel gegessen! Zu Durchgemüse ohne Fleisch gibt es entweder eine Scheibe lufttrockenen, ungeräucherten Schinken oder Mehlpfannekuchen.

E

Erbsen: Erbsensuppe: westfälisches, deutsches Nationalgericht; mit gekochten, ungeräucherten Fleischstückchen als Einlage oder Mehlpfannekuchen als Beilage. Geräucherte Mettenden als Beilage für Westfalen nicht typisch; außerdem eine „Erfindung" der 30er Jahre. Erbsen als Gemüse: Erbsen mit Möhren (Wurzeln).

F

Fett: Butter; ungeräucherter, frischer Speck, Schmalz und Rüböl.

Fisch: Für Westfalen nicht typisch, denn der Volksmund sagte: „Fisken un Jagen meket hungrige Magen un fluederigge Blagen"; außerdem: „Immen un Fiskeduike maket kainen Biuern ruike!" Bis Mitte der 30er Jahre wurden überwiegend Heringe und Schellfisch (auf Vorbestellung) am Karfreitag verzehrt. Das erste Fischgeschäft entstand in Soest im April 1936.

Fleisch: Gab es in Westfalen überwiegend in der Zeit des Schlachtens (Oktober bis April). Seit Mitte der 20er Jahre und durch die Zunahme der damaligen Schlachtereien zunächst nur als Sonntagsgericht oder bei besonderen Anlässen, später hier und da auch schon mal in der Woche: Dickbein (Eisbein), Rippchen, Hackbraten (Frikadellen), gekochte Fleischbeilage.
Fleischverbrauch im Jahr 1928: pro Kopf ca. 30 kg.
Fleischverbrauch im Jahr 1986: pro Kopf ca. 92 kg.

Frischgemüse: In Westfalen wurde überwiegend Frischgemüse verwendet, zumal bis zum Zweiten Weltkrieg zwei Drittel der Bevölkerung auf dem Lande lebte und dort jeder Haushalt einen eigenen Garten hatte, in den Städten jeder dritte Haushalt.

G

Garen: Bis zum Zweiten Weltkrieg wurden alle Zubereitungen auf der heißen Herdplatte (außer Wasserkochen) zubereitet. Davor gab es erst ganz vereinzelt in den Städten Gas- und Elektroherde. Die damaligen Herde, welche überwiegend mit Holz, aber auch schon mit Stein- und Braunkohle beheizt wurden, erbrachten längst nicht die Temperaturen unserer heutigen Elektro- und Gasherde.

Testmessungen an diesen alten Herden erbrachten im Durchschnitt Plattentemperaturen von 65° bis 85° Celsius. Nach dem Ankochen wurde damals der Kochtopf nach hinten auf die Herdplatte zum Fertiggaren geschoben. Fälschlicherweise wird dieses damalige Garen heute mit „stundenlangem Kochen" bezeichnet.

Geflügel: Wie bereits erwähnt, lebten bis zum Zweiten Weltkrieg zwei Drittel der Bevölkerung auf dem Land. Jeder dortige Gartenbesitzer hatte ein bis zwei Schweine im Stall, dazu etwa 6 bis 10 Hühner. Sobald diese ihre Legetätigkeit einstellten, wurden sie geschlachtet.
Beliebte Geflügelzubereitungen: Hühnersuppe mit Fleischeinlage, Gekochtes Huhn als Ragout mit Reis, Pastinakenhuhn: Huhn mit Pastinakenwurzel gekocht.
Enten- und Gänsebraten gab es nur zu Weihnachten.

Hähnchen in heutiger Form gibt es erst seit dem Anfang der 50er Jahre.

Graupen: Sehr beliebt als Gemüsesuppe und zur Zubereitung von Kröße und Pannhast.

Gemüse: Siehe auch „Durchgemüse". Gemüse als Beilage wird entweder in Fleischbrühe (keine Pulver- oder gekörnte Brühe) oder leicht gesalzenem Wasser gegart. Abtropfen lassen, anschließend in ausgelassener Butter schwenken.

H

Hackepohl: Milchsuppe mit Mehlklößchen.

Heiße Wecken: Niederdeutsch Hoitweggen, Haitkölsket, Nunnenföetket: beliebtes Fastnachtsgebäck.

Hirschböcke: Niederdeutsch Herteböcke = Spekulatius-Hirsche (zu Nikolaus und Weihnachten).

Hochzeitsessen: Gab es zu den „Hohen Zeiten" des Jahres, also Weihnachten, Ostern, Pfingsten, später auch zu Hochzeiten und Kindtaufen. In Gemüsesud gekochtes Rindfleisch mit Rosinen- oder Zwiebelsoße, dazu Braune Ecken (siehe dort), Salzkartoffeln oder Reis. Bei Braunen Ecken oder Salzkartoffeln als Dessert: Steifer (dicker) Milchreis mit Backobst.

K

Kartoffeln: Beliebteste Kartoffelzubereitungen: Gedämpfte Kartoffeln, Kartoffelbrei (Stampfkartoffeln), Kartof-

felsalat (ohne Mayonnaise!), Pellkartoffeln mit Hering oder Hotten (Quark). Röstkartoffeln: Pellkartoffeln

in Scheiben schneiden und in ausgelassener Butter oder ausgelassenen, ungeräucherten kleinen Speckstückchen goldgelb anbraten.
Hinweis: Um gleichmäßige Kartoffelscheiben zu erhalten, Eierschneider verwenden!

Klosterfinken: Niederdeutsch Kläosterfinken = Steckrüben-Durchgemüse.

Knackwurst: Feine Fleischwurst in dünnen Därmen. Von dieser westfälischen Spezialität schwärmte schon Simplicius Simplicissimus im 30jährigen Krieg.

Knisterfinken: Stielmus-Durchgemüse.

Kohl: Alle Kohlarten sind ein beliebtes westfälisches Wintergemüse.

Kohlwurst: Drei Teile Schweinemett, ein Teil Nieren und Herz, feingewürfelte Zwiebeln mit Salz und Pfeffer abschmecken.

Kröße: Neben Pannhast das beliebteste Nebenprodukt einer westfälischen Hausschlachtung. Wurstebrühe (vom Kochen des Fleisches und der Blut- und Leberwürste) mit eingeweichten Graupen, Kochfleischresten zu einem Brei kochen. Mit Thymian, Majoran, Salz und Pfeffer abschmecken.
Beilagen: Kaltes oder warmes Möpkenbrot.

M

Mayonnaise: In Westfalen erst nach dem Zweiten Weltkrieg in Gebrauch. Nicht typisch für die westfälische Küche.

Mehl: In Westfalen nur zum Backen oder an früheren Backtagen und seit Mitte der 20er Jahre für Mehlklöße und -pfannekuchen verwendet.
Zum Andicken von Gemüse oder Soßen für die westfälische Küche nicht typisch!

Milchspeisen: Als Vorsuppe oder zum Nachtisch.

Möhren-Durchgemüse: Niederdeutsch Woertelpott, Polßaifinger oder glöggenigge Päole; neben Sauerkraut und Grünkohl eines der beliebtesten Wintergemüse in Westfalen.

Möpkenbrot: Beliebte Beilage zu Kröße. Resteverwertung am Schlachttag. Zu Blutwursteig Wurstebrühe (siehe Kröße) geben, eventuell noch frisches Blut zufügen. Mit Weizenmehl zu einem steifen Brei rühren, abgewaschene Rosinen zufügen, mit Salz, Nelkenpeffer und Thymian abschmecken. Zu faustdicken Knödeln formen, in leicht kochender Brühe kochen.

Es wird in Scheiben gebraten oder ungebraten zu Kröße, Durchgemüse sowie zu Himmel und Erde gegessen.

N

Nachtisch (Dessert): Backobst: Getrocknete Apfelscheiben und Pflaumen, Bratäpfel mit Vanillesoße (Winter), Dicke Milch mit Zimt und Zucker (Sommer), Dicker (steifer) Reis mit Backobst, Fruchtsaft oder Apfelmus, Frische rote Grütze mit Vanillesoße, Griesmehlpudding mit Himbeersaft.

Dazu kommt seit den 30er Jahren eingemachtes Obst: Birnen, Pfirsiche, Kirschen, Pflaumen, Stachelbeeren.

P

Pannharst: Panhas, Pannharst, Pannas, Pannhast, abgeleitet vom niederdeutschen Pann = Pfanne; Hast, Harste = Fleisch. Beliebte Resteverwertung am Schlachttag. Ursprünglich wurde Pannharst ohne Blutzusatz zubereitet. Wie beim Schweinepfeffer bleibt es jedem überlassen, ob er seinem Pannharst Blut zusetzt. Fein durchgedrehtes, gekochtes Schweine- und Rindfleisch mit Brühe auffüllen. Buchweizenmehl zufügen, bis ein geschmeidiger Brei entsteht. Mit Salz, Pfeffer und Nelkenpeffer abschmecken. Sachte zu einem steifem Brei kochen. Pannharst in fingerdicke Scheiben schneiden und in Butter oder Schmalz anbraten. Dazu schmecken Stampfkartoffeln, Himmel und Erde sowie Apfelmus.

Pansen: Die eßbaren Teile des Rindermagens. Westfälische Spezialitäten: Münsterländer Töttchen, Soester Wamme.

Pfannekuchen: Kartoffel- (Reibeplätzchen) und Mehlpfannekuchen ohne oder mit verschiedenen Zusätzen: Eiern, ungeräuchertem Speck, Obst (insbesondere Waldbeeren, Äpfel, Pflaumen, Kirschen).

Pfefferkuchen: Pfefferstuten, niederdeutsch „Geärkauken", beliebte Spezialität zu Weihnachten.

Pilze: In Westfalens Küche erst seit dem Zweiten Weltkrieg heimisch. Ist nicht typisch für die westfälische Küche!

Pökelrippe: Seit den 20er Jahren beliebte westfälische Spezialität in den ersten Wochen nach dem Schlachten.

Potthast: Pottharst, abgeleitet von niederdeutsch Pott = Topf und Hast, Harste = Fleisch; Topffleisch, im Topf gekochtes Fleisch. Ursprünglich aus den „Abfällen" beim Schlachten (Ohren Pfoten, Schwanz und Schnauze vom Schwein) mit Gemüse und Schlachtbrühe zu Potthast gekocht. Im Laufe der Zeit wurde das Gemüse durch Zwiebeln ersetzt, so daß es immer mehr unserem heutigen Ragout ähnelte. Auch vom Rind gab es schon früh einen Potthast, der aus kleingeschnittenen Fleischstücken bereitet und mit einer Korinthensoße übergossen wurde. Inzwischen wird der Potthast aus Rind- oder Schweinefleisch mal mit, mal ohne Zwiebeln, mit viel oder wenig Pfeffer zubereitet, und das hat sich auch im Laufe der Zeit nicht geändert. Der echte, westfälische Pott- oder Pfefferpotthast wird nur mit Schwarzbrot oder geriebenem Zwieback angedickt.
Beilagen: Rote Bete oder eingelegte Gurken.

Potthucke: Topfhocker: Gebackener Kartoffelbrei. Sehr beliebt im märkischen und kurkölnischen Sauerland.

Puffert, Reibepuffert: Aus Kartoffeln, Mehl und ausgelassenen Speckstückchen. Wichtig: Der Speck muß ungeräuchert sein!

R

Räuchern: Bis zum Beginn des 20. Jahrhunderts wurde – nicht nur in Westfalen – nur ganz vereinzelt geräuchert. Nach einem Lehrbuch für das deutsche Fleischerhandwerk aus dem Jahre 1925 wird dort unter „Räuchern" berichtet, „daß noch sehr viele Fleischerkollegen dem Räuchern sehr skeptisch gegenüber stehen und lieber bei der bewährten Methode des Pökelns bleiben".
Geräucherter Speck, geräucherte Wurst, geräuchertes Fleisch, geräucherter Schinken sind nicht typisch für Westfalen!

Rindfleisch: Neben Schweinefleisch schon immer beliebt in Westfalen.

Rinderwurst: Sommers wie winters ist die Rinderwurst eine der beliebtesten Spezialitäten Westfalens: In Wasser erhitzte Rinderwurst, dazu Apfelmus, Salzkartoffeln oder Braune Ecken.

Rübenkraut: Eingedickter Saft der Zuckerrübe. Beliebt auf Brot, auch zu Pfefferkuchen und Schweinepfeffer.

S

Sauerkraut: Beliebtes westfälisches Wintergemüse. Wie sagt der Volksmund: „Siuermaus kolt, drai Dage olt, im Schappe vergeäten ies 'n wane guet Eäten!"
Fein geschnittener Weißkohl unter Salzzugabe in Steintöpfen eingestampft. Auf ca. 40 kg geschnittenen Weißkohl kommt ein viertel Pfund Salz.

Schinken: Lufttrockener, ungeräucherter Knochenschinken. Eine seit Jahrhunderten nicht nur westfälische, sondern auch weltweite Spezialität (siehe auch Räuchern).

Schmorbraten: Uromas Tip: Fleisch in kochendem Wasser mit viel Wurzelwerk und etwas Salz gut fünfzehn bis zwanzig Minuten vorkochen. Abtrocknen. Wurzelwerk in einem Sieb auffangen. Fett im Topf auslassen, Fleisch darin von allen Seiten anbraten, von der Brühe zugeben und fertig garen. Fleisch aus dem Topf nehmen. Even-tuell noch Brühe zum Bratensaft beziehungsweise der Restbrühe geben. Mit durchpassiertem Wurzelwerk andicken und mit Salz und Pfeffer abschmecken. Bei besonderen Anlässen fügte Uroma noch etwas Schmand (Sahne) zu.

Soßen: Typisch westfälische Soßen werden angedickt durch
1. Einkochen,
2. passiertes, gekochtes Wurzelwerk oder eine geriebene frische Kartoffel,
3. geriebenen Zwieback oder geriebenes Schwarzbrot.
Beliebte westfälische Soßen: Rosinensoße, Backpflaumensoße, Zwiebel-Speck-Soße und Senfsoße.

Steckrüben: Haben aus dem Ersten Weltkrieg und Nachkriegszeiten einen schlechten Ruf, an dem aber unsere Steckrübe keine Schuld trägt. Steckrüben dienten in Deutschland und weiten Teilen Europas als Kartoffel-

ersatz, weil die Kartoffelfäule grassierte und somit für Jahre in diesen Ländern eine Kartoffelernte ausfiel.
Steckrüben, niederdeutsch Kläosterfinken, im Lipperland „Lippische Ananas", können sowohl als Gemüse mit Salz-, Röstkartoffeln oder wie zu Uromas Zeiten als Durchgemüse zubereitet werden.

Stielmus: Knisterfinken, Striepmaus, Striepraiwen, witte Stoppeln, ein sehr beliebtes, westfälisches Durchgemüse. Hier und da auch als Gemüse mit Salzkartoffeln.

Suppen: Nach Beliebtheit geordnet:
Gemüsesuppen: Erbsen-, Schnippelbohnen-, Linsen-, Kartoffel-, Graupen- und Bohnensuppe (Gänsefutter, Blindhuhn).
Fleischsuppen: Rindfleisch- und Hühnersuppe.

T

Töttchen: Münsterländer Spezialität aus Rinderpansen. Wird leider seit dem Zweiten Weltkrieg vermehrt aus Kalbskopf und Kalbfleisch zubereitet.

W

Wamme: Warme Wamme, beliebte Soester Spezialität aus Rinderpansen.

Weißkohl: Wird als Sauerkraut zubereitet.

Wibbelbohnen: Pferde- oder Saubohnen, in weiten Teilen Westfalens früher so beliebt wie Dicke Bohnen. Wibbelbohnen werden wie Dicke Bohnen zubereitet.

Wurst im Teig: Frische, ungeräucherte Mettwurst in Teig gebacken. Wird mit Senf zum Bier gegessen.

VERZEICHNIS DER REZEPTE